LES
BAINS DE PARIS,
ou
Le Neptune des Dames.

8° Z Le Senne
13491

LES
BAINS DE PARIS
ET DES PRINCIPALES VILLES

DES

QUATRE PARTIES DU MONDE;

OU

Le Neptune des Dames;

ORNÉ DE JOLIES GRAVURES.

DESCRIPTION hydrographique des Thermes, Bains, Étuves, Eaux minérales et Fontaines les plus célèbres du Globe; renfermant des leçons d'hygiène, précieuses pour la beauté des femmes et la santé des hommes; ainsi que des Vers, des Anecdotes, des Tableaux instructifs et amusans des mœurs de divers Peuples; des Galanteries décentes et des Folies de bon ton.

Dédié au Beau-Sexe.

Par CUISIN, Auteur de plusieurs Romans.

TOME PREMIER.

A PARIS,

CHEZ VERDIÈRE, LIBRAIRE, QUAI DES AUGUSTINS, N. 25.

—

1822.

ÉPITRE DÉDICATOIRE

AUX DAMES.

※—→←—※

O vous, sexe enchanteur, qui, d'un brillant laurier,
Animez les talens, les Muses et la Gloire,
Au nourrisson du Pinde, aussi bien qu'au guerrier,
Par un demi-sourire assurez la victoire !

Esprits charmans, subtils, sous un minois fripon,
Qui pouvez réunir, par un heureux mélange,
La piquante malice et l'esprit d'un démon,
Et la tendre innocence et les grâces d'un ange ;

Vous qui, d'un goût léger, raisonnez de rubans,
Pompons et politique, et prose et poésie ;
Docteurs ingénieux en amour, en folie,
Habiles à juger des vers et des clinquans...

Répandez vos faveurs sur nos BAINS SALUTAIRES ;
De leurs flots innocens, recherchez le cristal,
De vos divins appas, discrets dépositaires,
Heureux d'être une gaze au trône virginal !...

Pour vous, jeunes beautés, des sérails de l'Asie
Nous empruntons ici les rubis et l'encens ;
Et versant dans nos bains les odeurs d'Arabie,
Imposons l'univers pour enivrer vos sens.

Hygiène et parure, et secrets artifices,
D'un teint de lis sans rose écartez la pâleur ;
Baumes rafraîchissans, à la beauté propices,
Brûlez : de vos parfums répandez la douceur.

C'est en vain que, prodigue envers les Circassiennes,
L'Indostan fait couler un fleuve de trésors ;
Triomphez, triomphez, charmantes Parisiennes :
Pâris donna la pomme à la grâce du corps.

D'un profil régulier on vante la noblesse :
Un minois chiffonné, vainquit le Musulman ;
L'esprit, le badinage et l'exquise finesse,
Ne brillèrent jamais sous un grave turban.

Voyez, de lis, de rose, et de gaîté brillante,
Cette Française, vive en ses légers propos,
Étalant en tous lieux sa tournure élégante,
De l'aimable Folie agitant les grelots !

De son piquant esprit, riche en pointes nouvelles,
Le feu badin s'échappe en rapides éclairs,
Et d'un carquois malin, fécond en étincelles,
Ses traits et ses sermens voltigent dans les airs.

ÉPITRE DÉDICATOIRE.

D'un honteux esclavage en secouant la chaîne,
Son cœur a juré haine à la captivité :
Elle seule, en Europe, est une souveraine
Qui nous donne des fers, gardant sa liberté.

Poursuis, sexe charmant, ta conquête immortelle;
De roses couronné, tu crains peu les revers :
Ton trône est dans nos cœurs; ne crois pas qu'il chancelle;
L'Amour voit se briser de vains sceptres de fer.

D'une Muse ingénue, en chantant les Françaises,
J'ose à peine, en ce jour, présenter ces essais;
Un jaloux dit déjà : bon dieu ! quelles fadaises !
Que m'importe !... un sourire.... et j'obtiens du succès.

SONGE ALLÉGORIQUE.

Lorsqu'un jour méditant vers les bords de la Seine,
Sur les Bains de Paris je fixais mes pinceaux,
Je crus apercevoir une aimable Syrène,
M'adressant cet avis à travers les roseaux :

» Ton projet me sourit, et mon esprit l'embrasse;
» Va, des eaux et des Bains révéler le secret;
» Prodigue bien l'encens; mais jamais du Parnasse
» Ne prétends approcher un tel colifichet.

» A tes tableaux galans on aura beau sourire;
» A tes conseils flatteurs on aura beau céder;
» La critique rira des efforts de ta lyre :
» Pour bien chanter mon sexe, il faut un *Demoustier*.

» A défaut de talent, sers la galanterie :
» Pénétrant au sérail, connais ses talismans;
» Traite à fond l'arsenal de la coquetterie,
» Le moyen d'être belle.... oh! tu seras charmant!

» A tes récits prends soin de mêler l'épisode :
» Un art bien précieux, c'est la variété.
» La femme m'est connue, et sa légéreté,
» En romans, en chapeaux, se règle sur la mode.

SONGE ALLÉGORIQUE.

» Voyageur aérien, en deux ou trois feuillet
» Cours rapidement du couchant à l'aurore ;
» Analyse les mœurs, et dis par quels apprêts
» La sultane est fardée aux rives du Bosphore.

» De l'onde minérale et des lacs merveilleux,
» Consulte avec respect les nymphes bienfaisantes :
» On peut monter un luth d'un ton mélodieux,
» Au murmure amoureux de leurs urnes penchantes.

» Ce serait peu d'avoir, dans un léger tableau,
» Renfermé tous les Bains des quatre points du monde :
» Il faut, en bon chimiste, et sous un jour nouveau,
» Légèrement narrer tous les bienfaits de l'onde. »

A ce discours ému ; d'un ton balbutié,
Je fis l'aveu timide à mon enchanteresse
Qu'en vers, ainsi qu'en prose, à peine initié,
Une telle entreprise accablait ma faiblesse.

Alors, près d'une grotte arrachant un roseau :
» Reçois ce caducée, et compose, dit-elle. »
Aussitôt je m'élance et vole à mon bureau....
C'était un songe, hélas !... un nuage infidèle.

Je cherchai vainement mon sylphe séducteur ;
Je restai seul avec ma faible insuffisance.
Telle est souvent d'un rêve une orgueilleuse erreur !
J'aurais dû, je l'avoue, agir avec prudence :

SONGE ALLÉGORIQUE.

Je devais me méfier de ma témérité,
De plus d'une Vénus fuir avec soin la vue,
De tant d'attraits charmans craindre la nudité....
Mais que ne peut des sens la magie inconnue !

Je poursuivis mon plan, je cherchai mon butin.
Dans le sexe je vis mille métamorphoses :
Je dérobai des lis sur des corps de satin,
Un tendre vermillon sur un beau teint de roses.

De ce fard emprunté colorant mes tableaux,
Pourrais-je mériter le trait de la censure?
Des Bains-Turcs ou Vigier j'écartai les rideaux....
Mais dans tous ces larcins j'ai peint d'après nature.

Mesdames, décidez, prononcez vos arrêts :
Seules vous devenez mon digne aréopage ;
Oh! je suis bien coupable en disant vos secrets.
Mais quel homme jamais vous aima davantage !

RÉFLEXIONS
PRÉLIMINAIRES

Sur les Bains, Étuves et Thermes des Anciens; sur ceux de l'Egypte, de la Circassie, de Constantinople, sur les harems d'Ispahan, les sérails de Golconde, considérés sous leurs rapports religieux, politiques et galans ; précédées de l'explication des motifs qui ont donné naissance à cet ouvrage.

L'ACCROISSEMENT sensible qu'ont pris les bains de la capitale, depuis quelques années, soit par le nombre, soit par les ingénieuses innovations et embellissemens qu'y ont apportés les entrepreneurs, ont fixé particulièrement notre attention. Après avoir jeté un coup d'œil observateur sur l'immensité de Paris et sur ses nombreux monumens, nous nous sommes arrêtés sur les bains, dignes conservateurs de la santé publique. Nous avons cru apercevoir qu'il manquait à ces précieux établissemens une sorte d'Itinéraire, qui, dans les mains des Dames, devînt un officieux ami de leur beauté, en même temps qu'il les récréerait et les dirigerait dans l'usage délicat du bain, sous le rapport de tout ce qui tient à l'hygiène. Quant aux hommes, nous nous flattons qu'en considération des TABLEAUX INSTRUCTIFS que cet ouvrage renferme, ainsi que des usages, mœurs et coutumes qu'il analyse pour beaucoup de nations, il pourrait aussi servir à leurs délassemens.

Comment! nous sommes-nous écriés : partout, et pour les choses les plus futiles, de volumineux in-8° annoncent au public avec une prolixe emphase mille merveilles, mille prodiges soi-disant avantageux, de ces pierres philosophales qui guérissent tous les maux excepté celui qu'on a; et les bains, qui, sans tant de charlatanisme, parlent fort peu et opèrent quantité de cures, n'ont pas eu jusqu'à ce jour leurs trompettes et leurs panégyristes? Notre voix est faible, sans contredit; nos talens ne sont pas au niveau de notre zèle; mais, sur une semblable matière, l'exposition seule des faits paraît de suite donner gain de cause. Nous ne ferons donc pas ici l'éloge des bains de la capitale; il suffit de les voir pour en sentir aussitôt tous les avantages et toutes les perfections. Mais nous avons pensé que ces mêmes bains manquaient d'un ouvrage, qui, comme celui de l'exposition annuelle des tableaux au Muséum, expliquât les divers attributs des établissemens, ainsi que tous leurs bienfaits, sous le triple rapport de la santé, de l'agrément et de la conservation de la beauté. Il existe d'ailleurs beaucoup de personnes, douées d'un certain esprit, d'une certaine force d'imagination, mais tellement insouciantes et paresseuses d'associer, de lier une chaîne d'idées et de sentimens, et de se rendre compte à elles-mêmes des impressions diverses que tel ou tel lieu leur fait éprouver, que c'est les obliger que de s'emparer en quelque sorte de leurs propres pensées, et de placer sous leurs yeux l'expression fidèle de leurs sensations secrètes. Nous serons donc ici ces interprètes complaisans: ensuite, pour une quantité de femmes qui aiment une lecture analogue et en harmonie avec leurs actions, nous pensons que cet ouvrage descriptif et philosophique, ne laissera pas de leur plaire, par les teintes riantes et douces que nous nous sommes appliqué à y répandre.

En effet, prête à se mettre au bain, ne sera-t-il pas agréable pour une femme d'y posséder une lecture, qui, sous des formes piquantes et instructives, la conseille dans tous les soins qu'elle doit y prendre? Puis, transportant le théâtre des bains en Afrique, en Europe, en Amérique même, puis en Asie, à Cachemire, à Ormus, chez les Siamois, ne sera-ce pas encore pour l'imagination un mouvement heureux que cette revue rapide des mœurs des nations, qui ne laisseront pas d'être analysées avec la description des bains ? ? ? . . . . .

La baignoire d'une petite maîtresse devient ici une véritable chaise de poste, parcourant sur ses roulettes tous les climats !

Oui, nous osons le dire, la littérature légère devait ce tribut aux Dames : elles nous paraissent avoir navigué jusqu'à présent sans boussole, sur un élément dont beaucoup peut-être ignorent tous les charmes; et c'est pour les leur faire goûter de plus en plus, que nous voulons ici égayer la solitude du bain.

L'acte du bain, à Paris et dans l'Europe même, n'est qu'un acte de propreté, de santé ou au plus de coquetterie : en Asie, sous les lois du prophète imposteur Mahomet, il est devenu un point essentiel de religion ; les purifications, les ablutions, sont recommandées dans les rêveries de cet habile charlatan, comme l'action la plus agréable au grand *Alla*. De plus, le genre de costume, ces draperies lourdes, sans linge sur la peau ensuite l'opération de la circoncision ; (souvent *pour les deux sexes*, au Mogol, dans l'Asie russe) exigeait naturellement les plus grands soins et la plus grande propreté ; aussi les Turcs se baignent-ils, se parfument-ils à chaque instant du jour. Leurs femmes ou concubines passent, sans exagération, un grand tiers de leur vie au bain : la galanterie ne manque pas d'en faire son profit ; les liens de la servitude étant un peu relâchés dans ces momens de loisirs, on a vu des Musulmanes toutes nues, et foulant aux pieds toute pudeur, renverser les eunuques, franchir les degrés des thermes, ainsi que les murs des jardins, et se jeter dans les bras du premier chrétien.... A quoi sert le diadême, même d'une sultane favorite, sans le charme de la liberté? Cette captivité des femmes, dans l'Asie, et ce système de polygamie, ont pour but politique de les exclure entièrement des affaires de l'Etat.

Les bains des eaux minérales occuperont encore nos pensées et nos narrations, d'une manière à la fois plus importante et plus grave : actifs dans nos recherches, nous donnerons connaissance au vieillard, au guerrier infirme, à la jeune personne perclue, par malheur, de tous ses membres, des établissemens célèbres qui, sur plusieurs points de la France, offrent les eaux thermales les plus salutaires. Ornant nos descriptions de toutes les poésies ou anecdotes qui s'y rattachent, cet ouvrage n'aura pas, nous nous en flattons, l'aridité d'une explication sèche; car, n'en doutez pas, lecteur, la scène du bain a aussi son esprit de métaphysique : les sens, le cœur, lorsque vous sortez du bain, éprouvent une suavité, un calme, dont nos propres développemens vous feront davantage sentir les douceurs.

Enfin, nous croyons pouvoir l'avance, il faut apprendre à entrer dans le bain dans des dispositions d'esprit analogues; ainsi, plus votre imagination sera vaporeuse et tournée vers des méditations romantiques, plus vous nagerez en quelque sorte dans une mer de délices: un théâtre, tel qu'il soit, ne parvient à nous charmer, qu'autant que les optiques, les perspectives, les effets de lumières et les teintes sont bien ménagées : il en est de même des jouissances du bain; les illusions dépendent en grande partie de nous-mêmes; tous les détails seraient enchanteurs, si nous ne nous mettons pas en point de contact moral avec eux, notre imagination restera glacée, nos sens demeureront insensibles au plus séduisant spectacle et nous aurons éteint nous-mêmes le foyer le plus fécond.

C'est donc particulièrement à toi, sexe charmant, que je donne ces leçons: le plaisir dans tout a son mystère; il n'appartient encore qu'à toi de le pénétrer. Un être grossier se met au bain et ne voit que de l'eau; pour une femme d'esprit, pour une femme sensible, ce sont des milliers de prismes, à travers lesquels elle aperçoit des tableaux enchanteurs. Mais, pour célébrer dignement cet élément et tous ses prestiges, citons M. Delille, qui termine une partie du chant suivant, par un épisode de la plus grande fraîcheur :

....

Mais du courroux des eaux oublions les nuages;
Célébrons ses bienfaits et non pas ses ravages.
L'eau baigne nos jardins, coule dans nos buffets,
Compose nos liqueurs et prépare nos mets;
Pour tempérer l'ardeur de nos vins délectables,
En des cristaux brillans elle assiste à nos tables;
En source jaillissante arrose nos remparts.
Ainsi que la Nature elle anime les arts :
Le grain par son secours sous la meule se broie;
Elle apprend à la roue à devider la scie;
Elle conduit la scie, élève les marteaux
Qui foulent le papier ou domptent les métaux :
Utile à nos plaisirs, à nos maux nécessaire,
Nous lui devons du Bain l'usage salutaire;
Soit que, dans nos foyers, par de secrets canaux,
L'art, d'un ruisseau captif apprivoise les eaux,
Soit que des saules verts, déployant leur feuillage,
Joignent à sa fraîcheur la fraîcheur de l'ombrage.
A ces rustiques Bains se plaisaient autrefois,
Et la chaste Diane, et les Nymphes des bois;
Là, Junon elle-même, oubliant son injure,
Revenait de Vénus essayer la ceinture,
Et le paon orgueilleux corrigeant ses mépris,
Se montrait familier aux pigeons de Cypris.
Le Bain est votre charme, adorables Mortelles;
Belles il vous reçut, vous en sortez plus belles!
Là, quelquefois l'Amour, alarmant la pudur,

Cherche d'un œil furtif l'objet de son ardeur :
Heureux, lorsqu'en fermant sa pudique tendresse,
Il obtient la beauté pour prix de sa sagesse.
Offrons-en le modèle, et, rival des Thompsons,
Osons par un récit égayer mes leçons.

Au bord d'un frais ruisseau, dont les eaux cristallines
Tombaient parmi des rocs du sommet des collines,
Damon était assis ; là, parmi les roseaux
Et les saules touffus qui couronnent les eaux,
Tranquille et nourrissant son amoureux délire,
Au murmure de l'onde, au souffle du zéphire,
Aimant sans espérance, il rêvait, et son cœur
D'une amante adorée accusait la rigueur.
Soit orgueil, soit pudeur, la jeune enchanteresse
D'un air d'indifférence accueillait sa tendresse :
Seulement quelquefois un regard de côté
Jeté timidement, trahissait sa fierté ;
Ou par un long soupir, trop sincère interprète,
Son cœur, gros de chagrins, avouait sa défaite.
Enfin, elle feignait, et sa fausse froideur,
Dissimulant ses feux, en augmentait l'ardeur.
Dans le désert qui plaît à sa douleur rêveuse,
Son tendre amant cherchait par quelle adresse heureuse,
Sans blesser Musidore, il pourrait quelque jour
Arracher de son cœur les secrets de l'Amour,
Et par des vers touchans, tout remplis de sa flamme,
Les presser de sortir des replis de son âme.
Le hasard le servit ; le hasard quelquefois
Fait le sort des amans comme celui des rois.
Le teint bruni des feux dont l'été la colore
La fraîcheur de ces lieux attira Musidore.

Timide, elle y revient, contre un ciel enflammé
Retrouver de son bain l'asile accoutumé ;
Sa pudeur se confie à ce lieu solitaire.
Damon en veut d'abord respecter le mystère ;
Sentiment délicat d'un amant dont le cœur
Veut conserver l'estime en cherchant le bonheur !
Mais l'Amour le retient....Et comment s'en défendre
La Nymphe était si belle, et son amant si tendre !
Musidore paraît, et ses timides yeux
D'abord d'un air craintif interrogent ces lieux.
Damon la voit : jadis le beau pasteur de Troie
Dans son cœur palpitant ressentit moins de joie,
Quand sur le mont Ida trois jeunes déités
Sans voile à ses regards, livrèrent leurs beautés.
La nymphe, dont la grâce à leurs grâces égale,
Même auprès de Vénus n'eut point eu de rivale,
Déjà prête à goûter *les délices du Bain*,
S'assied au bord des eaux ; déjà sa belle main
Sur ses jambes d'albâtre a replié la soie.
Enivré de désir, d'espérance et de joie,
Damon brûle en secret. Mais quels nouveaux combats
Quand la jeune beauté, de ses doigts délicats,
De son corps virginal dénouant la ceinture,
Laisse voir, affranchis des nœuds de la parure,
Ce sein éblouissant, dont le double contour
Palpite de santé, de jeunesse et d'amour,
Ces deux globes charmans qu'avec grâce compose
Un frais amas de lis que couronne la rose !
Pars, ô jeune imprudent ! pars, eh ! comment peux-tu
Maîtriser tes transports et garder ta vertu,
Lorsque l'habit jaloux qui cache ton amante
Descend, glisse à longs plis sur sa taille élégante,

Et qu'un dernier tissu moins blanc que son beau corps,
Tombe et révèle aux yeux tous ses secrets trésors,
Ces formes qu'à plaisir arrondit la Nature,
D'un incarnat si vif, d'une blancheur si pure!
C'en est fait; tout entiers se montrent ses appas :
Alors quelle frayeur et quel chaste embarras !
Musidore se voit; et dans son trouble extrême
Craint ses propres regards et rougit d'elle-même.
Elle hésite, elle tremble; et comme au moindre bruit
La biche, encore enfant, d'épouvante bondit,
Une ombre, un souffle, un rien alarme Musidore.
Enfin, s'abandonnant au péril qu'elle ignore,
Le ruisseau la reçoit, et le flot innocent
Vient se jouer autour de ce corps ravissant.
Le courant azuré qui mollement l'embrasse
Adoucit chaque trait, relève chaque grâce,
Rehausse ses attraits par leur voile embellis.
A travers le cristal tel brille un jeune lis ;
Telle, dans la rosée, avec le jour éclose,
D'un plus doux incarnat se colore la rose.
Tantôt la nymphe plonge, et le frais élément
Voile, sans le cacher, cet objet si charmant;
Tantôt elle remonte, et les gouttes limpides
Roulent sur son beau sein en diamans liquides,
Glissent sur ses cheveux, et leur jais déployé
D'un humide réseau l'enveloppe à moitié.
Ravi de ses attraits, de sa forme divine,
Des beautés qu'il parcourt, entrevoit ou devine,
Damon vole; il était criminel en ce jour,
(Si l'on est criminel par un excès d'amour).
Tout-à-coup il s'arrête, et jette sur la rive
Ce billet qu'il adresse à la pudeur craintive,
Ce billet qu'il traça d'une tremblante main :

»Calme-toi, bel objet ; tu t'effrairais en vain ;
»L'œil sacré de l'Amour paraît causer ta crainte,
»Calme-toi ; je m'en vais, protégeant cette enceinte,
»Des profanes regards défendre ce réduit.
»Adieu ; Damon t'a vue, il t'adore et te fuit. »
Il part : de l'autre bord la chaste Musidore
Voit voler le billet de l'amant qu'elle adore ;
Tous ses sens ont frémi : l'effroi de la pudeur
Et la peur d'un affront font palpiter son cœur ;
Un long étonnement la retient immobile.
On croirait voir ce marbre où le sculpteur habile
Peint la jeune Vénus au sortir de son bain
Protégeant ses appas de sa timide main :
Ce marbre où, pour former une seule déesse,
L'art réunit le choix des beautés de la Grèce.
Tremblante, elle s'élance, et prend sur l'autre bord
Sa robe et ce billet, et reconnaît d'abord
La main de son amant. Alors à ses alarmes
Succèdent tout-à-coup des pensers pleins de charmes ;
Ces remords d'un cœur pur, cet amour vertueux,
Qui maîtrisent des sens l'instinct impétueux ;
La chaste expression d'un penchant qui l'honore,
Que tant de modestie embellissait encore.
Elle-même, en secret, félicite son cœur
D'approuver tant d'amour sans outrager l'honneur.
De ce burin grossier fait pour l'amant champêtre,
Elle grave aussitôt sur l'écorce d'un hêtre
Ce peu de mots : « O toi, qui dans cet heureux jour,
» Servi par le hasard, mieux encor par l'Amour,
» Seul en pourras comprendre et juger le langage ;
» Va, sois, comme aujourd'hui, discret, modeste et sage,
» Conserve l'espérance : un moment doit venir
» Où tu pourras enfin m'adorer sans me fuir ».

Les trois Règnes de la Nature, de J. DELILE, chant 3ᵉ.

SUR LE DIEU NEPTUNE.

Le trident de Neptune est le sceptre des bains.

Le titre de cet ouvrage étant le Neptune des Dames, il nous paraît indispensable de faire, dans une esquisse mythologique, le portrait de ce dieu de l'onde. N'aurait-il pas droit de prendre de l'humeur, qu'on parcourût son liquide empire, sans lui rendre le plus faible hommage?

Neptune, en prenant les rênes du gouvernement maritime, fit présent, dit la fable, de sa couronne au dieu de l'Océan, qui, pour perpétuer sa suzeraineté, donna son nom à la plus vaste partie de ses anciens domaines.

Le nouveau roi était fils de Saturne: celui-ci avait contracté la tendre habitude de manger ses enfans au berceau. Heureusement Cybèle, son épouse, qui avait adroitement substitué une pierre à Jupiter, son fils aîné, mit un cheval à la place de Neptune. Si la première méprise du bon Saturne est peu vraisemblable, la seconde est au moins contradictoire. En effet, le cheval n'existait pas encore à la naissance de Neptune, si, comme on l'assure, il naquit, dans la suite, d'un coup de trident.

Neptune, comme la plupart des princes, partagea sa vie oisive entre l'amour et l'ambition ; comme eux, il trompa impunément toutes les femmes, et ne put impunément tromper un roi. Jupiter, ayant découvert qu'il conspirait contre lui, l'exila du ciel avec Apollon et les autres conjurés. Il se trouva que Neptune était un assez bon architecte ; il s'amusa donc avec Laomédon à relever les murs de Troie. Apollon chantait sur sa lyre, et les pierres, en cadence, se plaçaient d'elles-mêmes. On voit que de nos jours tout est bien dégénéré ; car la plus belle musique ne bâtirait pas même un château de cartes.

Neptune, voulant ennoblir ses travaux (car un dieu maçon n'est pas d'une gloire bien digne), essaie de se signaler en disputant à Minerve l'honneur de donner son nom à la ville d'Athènes. A peine de son trident eut-il frappé la terre, que soudain, l'œil ardent, le crin hérissé, la bouche écumante, le cheval s'élance du sein de Cybèle, en bondissant au son de la trompette guerrière : un tel enfantement fera sans doute naître l'idée des couches les plus laborieuses; pas du tout, Cybèle n'en fut pas incommodée en la moindre chose; il n'est telle qu'une divinité pour accoucher.... comme on n'accouche pas. C'est à cette occasion que Neptune fut surnommé *Ippios*, cavalier. On voit donc que mon héros n'était pas un roturier, un parvenu, qui se targuerait d'une noblesse de fraîche date : non, c'est un noble du plus ancien régime, et qui pourrait avoir droit de s'enorgueillir de la plus antique féodalité! Les honneurs, les dignités pleuvent bientôt sur lui : les Romains le célèbrent, l'honorent par des libations des eaux de la mer, des fleuves et des fontaines. Le grand art est de savoir traiter les gens avec leurs mets favoris. Corinthe lui bâtit un temple célèbre, orné de sophas, quoique ennemi des lits de plumes : il ne dormait jamais que sur des matelas composés d'humides roseaux. Enfin, les moindres hameaux de la Grèce, de la Sicile lui construisirent une petite chapelle, où les jeunes filles allaient en pélerinage lui consacrer leur virginité, offrandes auxquelles le dieu se montra toujours très-sensible. De plus, on couronnait de fleurs des chevaux : cette faveur s'étendait quelquefois aux mulets; comme on accorda depuis au bâtard de quelque grand personnage des priviléges et des distinctions.

On représentait Neptune sur un char, de la forme d'une vaste coquille, traîné par quatre chevaux marins, et quelquefois par quatre dauphins; les roues effleuraient rapidement la surface de l'onde, couverte de tritons et de néréides.

Les jeunes filles grecques offraient leur chevelure au fleuve *Néda* (1).

Quant aux surnoms de Neptune, ils varient à l'infini : d'abord, *Ippodromos*, intendant des chevaux; les sénateurs romains le nommaient encore *Consus*, dieu des bons conseils; les marins, *Poseidon*, brise-vaisseau.

Un dieu, comme un roi, sans amis, sans maîtresses, s'ennuie le plus majestueusement du monde : Neptune sentait donc, dans le vague de son âme, un vide douloureux que

---

(1) Hésiode.

l'amour seul pouvait remplir. Amphitrite, jeune personne charmante, lui plut, et il s'empressa de lui offrir ses hommages; mais, soit que sa barbe limoneuse, son sceptre à triple dent et son teint bleuâtre, ne revinssent pas infiniment à la nymphe; soit que les tempêtes, qui faisaient le principal orchestre de la cour du dieu, l'effrayassent, elle ne lui déguisa pas ses timides refus. Alors, notre galant d'employer l'entremise des courtisans, pour déterminer sa cruelle maîtresse : on sait avec quelle complaisance ils portent le caducée. Deux dauphins partent donc en chaise de poste, vont trouver Amphitrite, et font briller à ses yeux l'éclat du diadême; elle était femme, et, à ce titre, ne sut résister au talisman d'une couronne. Plaisir, mariage et empire! quelle Française n'eût pas été subjuguée par de pareilles séductions ? Une chose seule encore effrayait la timidité d'Amphitrite : l'idée de faire un voyage sur la surface des eaux.... Vraiment la mobilité du terrain épouvantait ses esprits; mais nos deux dauphins, excellens nageurs, offrirent leurs croupes à la belle nymphe, qui, s'asseyant dessus, à demi-penchée comme sur un *divan*, fit le trajet de sa demeure à la cour de Neptune, avec une facilité, un agrément, que nos plus belles berlines n'offriraient pas. Les zéphirs enflèrent son écharpe, les tritons baisèrent ses petits pieds, et elle arriva au palais de son époux, qui la reçut sur un sopha de joncs. L'Amour, qui pénètre dans tous les clémens, les enveloppa d'un voile de roseaux, et les syrènes, et les sphinx d'alentour chantèrent à l'envi cet heureux hymen.

Telles sont les aventures mythologiques de sa majesté *Neptunienne* : il y aurait eu de notre part un défaut de respect évident, de l'impolitesse, et même de l'ingratitude à les passer sous silence; et les Dames ne nous sauront-elles pas gré, de leur avoir fait connaître l'histoire abrégée des exploits et des fredaines galantes de leur bienfaiteur ?

BAINS
DE
L'EUROPE.

NOTICES HISTORIQUES.

Nous ne traiterons pas les quatre parties du monde dans de grands détails historiques et géographiques; ce n'est pas là du tout notre but. Nous n'avons pris cette coupe, qu'afin que la lecture devienne moins confuse; nous n'y voulons voir, avec de légers aperçus de mœurs, que des bains, et en faire goûter tous les avantages. Que l'aimable coquetterie du beau-sexe, que la santé plus précieuse y trouvent leur profit, et nous serons complétement satisfaits! Nous dirons seulement que l'Europe (*Uroppa*, qui signifie visage blanc,) présente au naturaliste, plus qu'aucune autre partie de l'univers, des eaux thermales, minérales et sulfureuses aux infirmités de l'homme; et que depuis un quart de siècle, les établissemens de bains se sont singulièrement multipliés et perfectionnés dans la capitale de la France. Nos aïeux, à l'exception des opulens, se montrèrent assez indifférens sur ce point essentiel de la propreté. Maintenant et chaque jour, le luxe, l'esprit d'invention secondent le goût des baigneuses ; et bientôt Paris, sous ce rapport, verra refleurir les beaux temps d'Athènes, où la charmante Aspasie porta les délices et le faste du bain au plus haut degré.

Toutefois, nous devons encore convenir que, quoique l'Europe soit la mère de tous les arts et de toutes les sciences, la patrie des grands hommes, le séjour favori de Mars, la France, le pays où le beau-sexe soit le plus honoré, nous sommes encore bien loin, sous le rapport du bain, de tout cet appareil enchanteur avec lequel une Géorgienne, une Circassienne entre dans une onde

arrosée des parfums les plus exquis de
l'Asie. Ce n'est vraiment que là qu'une
jeune beauté voit ses charmes dignement
servis par Neptune. Les Asiatiques
ont, sans contredit, une législation insultante
à l'honneur des dames; leurs
eunuques, leurs prisons nuptiales, font
fuir le véritable amour, remplacé par des
complaisances serviles, tandis que nos
aimables Françaises, avec leurs grâces
piquantes, leur liberté enjouée, centuplent
le prix de leurs faveurs; mais que
ce mystère qui règne dans les bains
d'un sérail, a de charmes pour l'imagination !... Comment créer rien de plus
puissant sur nos sens, que cette réunion
de cent femmes rivalisant d'attraits,
et, comme autant de néréides,
folâtrant autour de la conque de Vénus,
se jouant dans les eaux limpides d'un
vaste bassin de porphyre, respirant à
longs traits le baume des plus doux encens,
et quittant et reprenant tour-à-

tour des voiles tissus de perles, de diamans, d'or et de soie!... Non, non, l'Europe n'a rien qui puisse être comparé à ce tableau magique; et, si ce n'est chez quelques-uns de nos Crésus, chez quelques-unes de nos Laïs scandaleuses, ou bien aux *bains d'Apollon* à Versailles, on trouverait rarement à Paris un tel degré de magnificence et de volupté.

Le bain a encore sa partie *gymnastique*, la natation, qui, depuis nombre d'années, a été suivie avec ardeur par les jeunes gens. Ces nouveaux Spartiates, ont su lire *Emile*, et n'ignorent plus que les exercices du corps font la force physique et morale de l'homme. On a même vu à l'Ecole de natation, (située près du pont Louis XVI) de jeunes Amazones, de jolies Lacédémoniennes (1) plonger avec audace, et disputer

---

(1) Mademoiselle Cornemannc, entre autres.

avec succès le prix du bon nageur. C'est peut-être un inconvénient dans nos mœurs; mais, si l'on considère combien de tels goûts fortifient la santé, pourrait-on les blâmer?

Nous terminerons ce léger exorde, en prévenant nos aimables baigneuses, que nous allons exposer sous leurs yeux tout ce que le bain a d'avantageux à la beauté. Nous traiterons notre sujet, tantôt en médecins, tantôt en hommes du monde. Nous fouillerons encore dans l'antiquité, pour exhumer des baignoires des courtisanes célèbres de la Grèce, les savans procédés qu'elles employèrent dans l'usage des cosmétiques; et, allumant maintes cassolettes, nous ferons tous nos efforts pour que les *Bains de Paris* répandent une odeur digne des attraits d'une Française.

BAINS CHEZ LES ANCIENS.

Les bains, chez les anciens, étaient des édifices publics ou particuliers. Les bains publics ont été en usage en Grèce et à Rome; mais les Orientaux en firent usage les premiers. La Grèce connaissait les bains chauds dès le temps d'Homère, comme il paraît par divers endroits de l'*Odyssée*; et ils étaient ordinairement joints aux gymnases ou palestres, parce qu'en sortant des exercices, on prenait le bain. Ils étaient composés de sept pièces différentes, la plupart détachées les unes des autres et entremêlées de quelques pièces destinées aux exercices. Ces sept pièces étaient : 1° le bain froid; 2° la chambre où l'on se frottait d'huile; 3° le lieu de rafraîchissement; 4° l'entrée ou le vestibule de l'hypocauste ou du poêle; 5° l'étuve voûtée, pour faire suer, ou le bain de vapeurs; 6° le bain d'eau chaude; 7° la garde-robe.

BAINS DÉTACHÉS DES PALESTRES.[1]

Ces bains étaient ordinairement doubles; les uns pour les hommes et les autres pour les femmes, du moins chez les Romains, qui, en ce point, avaient plus consulté les bienséances que les Lacédémoniens, chez qui *les deux sexes se baignaient pêle-mêle.* Les deux bains chauds se joignaient de fort près, afin qu'on pût échauffer par un même fourneau les vases de l'un et l'autre bain. Le milieu de ces bains était occupé par un grand bassin, qui recevait l'eau par divers tuyaux, et dans lequel on descendait par le moyen de quelques degrés; ce bassin était environné d'une balustrade, derrière laquelle régnait une espèce de corridor assez large pour contenir ceux qui attendaient que les premiers venus sortissent du bain. Ces lieux étaient arrondis au compas, afin qu'ils reçussent également à leur centre la force de la vapeur chaude, qui tournait et se répandait dans toute leur cavité : ils avaient autant de largeur que de hauteur jusqu'au commencement de la voûte, au milieu de laquelle on laissait une ouverture pour donner du jour, et on y suspendait un bouclier d'airain, qu'on haussait ou baissait à volonté pour augmenter ou diminuer la chaleur.

Le plancher de ces étuves était creux et suspendu, pour recevoir la chaleur de l'hypocauste, qui était un grand fourneau maçonné dessous, que l'on avait soin de remplir de bois et d'autres matières combustibles, et dont l'ardeur se communiquait aux étuves à la faveur du vide qu'on laissait sous leurs planchers. Ce fourneau servait non-seulement à échauffer ces deux étuves, mais aussi une autre chambre, appelée *vasarium*, située proche de ces mêmes étuves et des bains chauds, et dans laquelle étaient trois grands vases d'airain, appelés *milliaria*, à cause de leur capacité; l'un pour l'eau chaude, l'autre pour la tiède, et le troisième pour la froide.

Les anciens prenaient ordinairement le bain avant souper; il n'y avait que les voluptueux qui se baignassent à la suite de ce repas. Au sortir du bain, ils se faisaient frotter d'huiles et de parfums, par des esclaves nommés *unctuarii*. Les bains ne furent en usage à Rome que du temps de Pompée; et ce fut Mécène qui fit bâtir le premier bain public.

La principale règle des bains était d'abord de ne les ouvrir jamais avant deux ou trois heures après-midi; ensuite, ni avant le soleil levé, ni après le soleil couché. L'heure de l'ouverture des bains était annoncée par une espèce de cloche. Le prix qu'il fallait payer à l'entrée était fort modique, ne montant qu'à la quatrième partie d'un as; ce qui revient environ à un liard de notre monnaie. Le bain gratuit était au nombre des largesses que les empereurs faisaient au peuple, à l'occasion de quelque réjouissance publique.

Tout se passait dans les bains avec modestie; les bains des femmes étaien entièrement séparés de ceux des hommes. La pudeur y était gardée jusqu'à ce scrupule que même les enfans pubères ne s'y baignaient jamais avec leurs pères, ni les gendres avec leurs beaux-pères. Les gens qui servaient dans chaque bain, étaient du sexe auquel le bain était destiné; mais quand la débauche se fut glissée dans toute la ville, les bains n'en furent pas exempts.

Les bains particuliers, quoique moins vastes que les bains publics, étaient de la même forme, mais souvent plus magnifiques et plus commodes, ornés de meubles précieux, de glaces, de marbres, d'or et d'argent. On pouvait s'y baigner à toute heure, et l'on rapporte des empereurs *Commode* et *Galien*, qu'ils prenaient le bain cinq ou six fois le jour.

BAIGNEUR, VALET DES BAINS CHEZ LES ANCIENS.

Ils avaient une chanson particulière; mais, s'il leur était permis de la chanter, il n'était point honnête à ceux qui se baignaient d'en faire autant.

BAINS DE L'ANCIENNE ROME.

L'ancienne Rome se vantait avec raison de ses *Bains*, connus sous le nom de *Thermes*, où l'architecture se déployait en grand, comme dans tous ses édifices publics. Les Romains n'ayant pas l'usage du linge, le bain leur était nécessaire; mais on se contenta d'abord de le prendre dans un ruisseau, dans une rivière ou dans quelque réservoir destiné à cet effet. Lorsque le luxe se fut introduit avec les richesses, chacun voulut avoir dans sa maison un bain particulier pour la commodité de sa famille, et principalement pour les femmes, que la bienséance empêchait de se laver publiquement. Comme le peuple n'était pas en état de faire cette dépense, il se trouva des empereurs et même de riches citoyens, qui firent construire des bains communs, et d'autres qui lui laissèrent les leurs en mourant. C'est en particulier ce que fit Agrippa qui lui légua ses magnifiques *Thermes ;* exemple qui fut imité par plusieurs empereurs. (*Therme* vient d'un mot grec qui signifie *chaleur*.)

Les superbes restes des bains de Titus et de Caracalla ont encore un air de grandeur. Une salle de ceux de Dioclétien subsiste dans son entier : les mêmes murs, les mêmes colonnes portent jusqu'aux nues une voûte qui semble vouloir braver tous les siècles. On y comptait jusqu'à trois mille petites chambres, où autant de personnes pouvaient se baigner sans se voir. On prétend que quarante mille Chrétiens furent employés à la construction de ce vaste édifice, dont plus des trois quarts périrent de fatigue, de misère et de mauvais traitemens. Ces thermes occupaient non-seulement le sol sur lequel est bâti, sur les dessins de Michel-Ange, la magnifique église des Chartreux, mais encore le jardin de ces religieux, les greniers publics qui y sont contigus, la grande place qui les précède, et l'église Saint-Bernard, qui servait de fourneaux pour chauffer l'eau de ces bains.

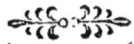

BAINS DE PARIS,

ET DES PRINCIPALES VILLES

DES

QUATRE PARTIES DU MONDE.

PREMIER TABLEAU.

BAINS OU THERMES DE JULIEN,
RUE DE LA HARPE.

« Heureux qui, dans ses vers, sait, d'une voix légère,
« Passer du grave au doux, du plaisant au sévère. »

Nous prévenons le lecteur, que, suivant exactement ce précepte de Boileau, nous passons successivement, dans nos TABLEAUX, *du grave au doux, du plaisant au sévère*. Nous n'avons pas voulu composer une œuvre de pur agrément: nous avons légérement esquissé les mœurs des nations dans ces peintures rapides, et l'instruction y trouve quelquefois son profit sous l'enveloppe légère du badinage.

Beaucoup de Parisiens, d'ailleurs fort estimables, parlent des *Thermes* de Julien, dit l'*Apostat*, empereur des Gaules et d'Occident (thermes qui furent construits, il y a, rapporte l'histoire romaine, près de 2000 ans, sous le règne de ce prince, lorsque Paris, alors *Lutèce,* était à peu près dans son berceau); mais ils ignorent entièrement l'origine de la fondation de ces mêmes thermes. Le plus jeune enfant connaît parfaitement le chemin qui conduit au théâtre des Variétés ; son petit génie s'enflamme aux étincelles brillantes qui pétillent dans ce foyer de folies; les trivialités les plus niaises lui sont familières: mais on se garderait bien de lui apprendre toutes les vicissitudes intéressantes qu'a subies depuis tant de siècles, sa ville natale; et il faut que l'étranger, excitant sa curiosité qui sommeille, vienne du fond de l'Italie ou du Nord, lui apprendre qu'il possède à sa porte, contigus à son toit, des débris imposans de la plus illustre antiquité. Tels sont les thermes de l'empereur Julien donnant, d'un côté, sur l'hôtel Cluny, rue des Mathurins, de l'autre, rue de la Harpe, dans lesquels l'eau salutaire et renommée d'Arcueil était amenée au moyen d'un superbe aqueduc que les années ont détruit, et dont la poussière s'est mêlée avec celle de tant de ruines sur lesquelles le temps a étendu un voile souvent impénétrable.... voile épais que le poids des siècles permet à peine de soulever. On prétend encore que ces mêmes thermes dépendaient du palais de Julien, et que ce palais s'étendait jusqu'à la rive gauche de la Seine. Ainsi, la rue de la Huchette, et autres à noms aussi pompeux, aussi favorables à la poésie, remplacent des monumens dont la fondation est liée aux plus grands souvenirs!.. Corinthe où brilla la plus célèbre des courtisanes, la séduisante Laïs; Athènes, boudoir immortel d'Aspasie, ne sont plus que des hameaux obscurs, placés sous le joug musulman!.. Obélisques orgueilleux élevés par des conquérans, vous tomberez aussi dans la poussière! et les générations futures chercheront en vain sur un fragment de bronze mutilé, dans quel siècle on créa votre existence éphémère!..

Les thermes de Julien, qui viennent de donner lieu à ces réflexions philosophiques, ont fixé depuis quelque temps toute l'attention, toute la sagesse du gouvernement. Il a donné des ordres, il a désigné d'habiles architectes, pour que ces superbes ruines reçussent une restauration conservatrice ; leur belle conservation d'ailleurs, en prouvant l'habileté des anciens pour bâtir, en quelque sorte, avec une éternelle solidité, est un sujet de méditation sur la science de l'architecture, à ces époques reculées. Le ciment des murailles, composé en partie de sang de bœuf, semble défier l'action du temps, et ces thermes, particulièrement, ont bravé une ligne de près de vingt siècles !.. Il eût été sacrilége de laisser périr dans l'obscurité un des plus beaux domaines de l'histoire. Il sera donc rendu à tout l'intérêt des antiquaires. On se propose même d'isoler ces beaux restes, en faisant de tous côtés un emplacement favorable à la perspective; et enfin de ne plus compromettre l'antique noblesse de ces thermes, par un voisinage au moins inconvenant.

DEUXIÈME TABLEAU.

BAINS VIGIER, SUR LA SEINE,
AU BAS DU PONT-NEUF.

Ces bains doivent être considérés comme la *métropole*, dont les autres établissemens, près le pont-royal, ne seraient que des *succursales*. Ils ont en effet une architecture plus massive, plus lourde, plus solide, et (si j'ose hasarder cette pensée) un air de noblesse et d'aplomb qui fait connaître l'autorité et la surveillance qu'ils exercent sur les autres bains. C'est une maman bien empesée qui veille avec sévérité sur ses deux filles, plus légères, plus lestes, et aperçues dans le lointain, à travers les branchages des peupliers, comme d'aimables folles qui voudraient s'affranchir des regards de l'œil maternel.

Ces bains, successeurs de ceux dits *Poitevin*, sont d'anciens patriarches; qui n'ont pas besoin de suivre les caprices des modes; leur mérite, ainsi que chez beaucoup de gens, ne consiste pas uniquement dans les surfaces. Cependant, feu M. Vigier y a fait des dépenses considérables, pour les perfectionner et les mettre au niveau du goût du siècle. Leur position est superbe : c'est, en quelque sorte, une forteresse qui n'a rien à craindre des vicissitudes du temps. Tant que le monde existera, l'homme se baignera toujours; aussi ce superbe navire reçoit-il la plus nombreuse population dans les deux sexes. Le faubourg Saint-Germain y abonde : il est vrai que sa *fille aînée*, au pont-royal, reçoit la plus brillante société. Les bains Vigier, au pont-neuf, bornés à la petite bourgeoise, qui veut uniquement se décrasser avec ses deux grandes demoiselles, devenues nubiles et arrivées fraîchement de leur pensionnat, au clerc de notaire, à l'étudiant du pays latin, qui s'est *oublié* au Palais-Royal, ont rarement la gloriole d'entendre piaffer deux brillans coursiers, qui, comme on le voit souvent au parapet des Tuileries, couvrent le pavé d'une noble écume; mais, en revanche, on y aperçoit accourir, *à pied*, de bonnes marchandes de la rue St. Denis, qui, par économie, ont eu soin de se munir de quelques serviettes, d'un petit pain et d'une tranche de gigot. Le bâtiment couvert en plomb, orné d'une avant-scène spacieuse, garnie de maints arbustes odorans, où l'on peut se promener en attendant son tour, comptant près de deux cents baignoires, tant simples que doubles et à lits, peut bien, à juste titre, être estimé au-delà d'un théâtre, où la santé se perd dans une atmosphère mal saine : aussi, les bains Vigier sont-ils considérés comme une des plus belles salles de spectacle de Neptune.

Si, maintenant, nous l'envisageons sous son point de vue pittoresque, le jour, la nuit, il offre aux regards de l'observateur un aspect remarquable. C'est, de suite, pour l'étranger qui arrive et passe pour la première fois sur le pont Neuf, un objet frappant d'induction, qui peut lui faire supputer aussitôt quelle peut être l'immense population d'une ville dont les bains sont aussi vastes. Leur premier point d'optique est le *pont-des-Arts*, agréable parvenu et petit-maître de fraîche date, qui, de propos délibéré, est venu se planter au milieu d'antiques ponts de vieille noblesse, qui rougissent de l'audace de cet intrus, perché sur de fragiles échasses, et dont le dos complaisant, dans l'été, ne sert qu'à des chuchoteries d'amourettes, et à la corruption des demoiselles éminemment sages du carrefour Bussy, qui se lient beaucoup trop avec les commis élégants de la rue Saint-Honoré.

Assez large cependant dans sa légèreté, ce galant colifichet, s'est judicieusement placé après le pont-neuf; de cette manière il souffre moins du choc des glaçons, qui ont émoussé leurs forces sur ses angles. C'est ainsi qu'un enfant prudent sait prendre un abri tutélaire. Combien de fois n'a-t-on pas dit, à certaine débâcle : « Le pont-des-Arts sera emporté dans le dégel ! » point du tout, tel que le roseau de la fable, il plie et ne rompt pas, et brave les caquets de ses rivaux, qui surtout lui reprochent sans cesse son avarice *et son sou éternel,* tandis qu'eux au contraire prêtent gratis leurs voûtes dociles à toues l es classes de la société.

De ces bains Vigier, on jouit du spectacle d'un superbe bassin, orné, sur ses flancs, de beaux édifices : tels que celui de la Monnaie, le Louvre, ce chef-d'œuvre de l'univers, et le quai *Voltaire*, orgueilleux du nom qu'il porte.

Le soleil du midi le caresse long-temps de ses rayons, et la grande clarté qu'il y répand, oblige les baigneuses de tirer soigneusement tous leurs rideaux, car les musards du parapet ne manqueraient pas de braquer leurs érotiques lorgnettes, et y trouveraient sans doute plus de plaisir, que dans le passage périlleux d'un bateau de charbon ou d'un train de bois.

Lorsque la nuit a enveloppé Paris dans ses voiles, et que le *disque argenté* se mire dans les eaux de la Seine, ce beau navire change encore de physionomie : la quantité de lumières qu'on aperçoit dans les cabinets, à l'époque des grandes chaleurs, offre un tableau pittoresque. Ce serait ici une belle occasion de faire en prose poétique, romantique et sentimentale, une pompeuse description de la *Lanterne nocturne* des voûtes éthérées ; d'accorder un luth ossianique au silence de toute la nature, qui, alors sommeille, après avoir allumé *sa veilleuse* de nuit.... Mais comme nous n'écrivons pas un roman métaphysique et vaporeux, nous laisserons là *la pâle courrière de l'Erèbe,* et nous nous garderons bien de semer des fleurs qui pourraient avoir sur les sens de certains lecteurs l'effet du pavot.

Du côté de l'île Saint-Louis, on jouit aussi de beaux bains sur la Seine, également dans le faubourg St.-Antoine, le marais et vingt autres quartiers. Mais s'il fallait les mentionner tous, de volumineux in-8° ne nous suffiraient pas, car, depuis plusieurs années, les bains se multiplient à l'infini ; et nos jolies parisiennes sont devenues de véritables Néréides.

TROISIÈME TABLEAU.

BAINS VIGIER, PRÈS LE PONT-ROYAL,

SUR LA RIVE DROITE DE LA SEINE, EN FACE DES TUILERIES.

Frégate élégante à deux étages, présentant 172 croisées de cabinets. Belle simplicité ; aimable politesse ; soubrettes charmantes ; des baignoires à lits ; restaurant soigné ; des potages délicieux, et des vins fins. De grandes élégantes, et de petites bourgeoises.

Ah ! quelle fraîcheur on respire
Dans ce séjour délicieux !
Le parfum du jasmin conspire
A l'enchantement de ces lieux.
Le sein des fleurs demi-fermées
S'ouvre, et des vapeurs embaumées
S'évaporent dans chaque bain.
On y savoure une autre vie
Dans une coupe d'ambroisie.
De vingt glaces le jeu subtil,
Le reflet magique, soudain
Décèlent un charmant profil,
Une taille, une main charmante....
Contemplez cette autre Atalante,
A peine effleurant l'escalier ?...

> Quel charme en son air minaudier !...
> Elle vole sous le feuillage....
> L'onde caresse son corsage......
> Mais, que dis-je !... un chaste rideau
> Déjà fait tomber mon pinceau.

Dans la belle saison, cet établissement succursale des bains Vigier du Pont-neuf, dont le propriétaire est mort il y a peu de temps, offre mille agrémens divers : l'escalier facile qui y conduit, vous mène à des allées sablées, et qu'ombrage le parasol de quelques peupliers. Feu M. Vigier n'avait rien épargné pour perfectionner sa belle entreprise : la petite rotonde que l'on voit au bout de ces bains, est destinée à la manœuvre des chevaux; l'eau est répandue ensuite dans un grand réservoir chauffé par des fourneaux; à ce réservoir, qui domine le centre de ce bâtiment, aboutissent maints canaux de plomb, ce sont ceux qui versent l'eau froide ou chaude dans les baignoires. Cette disposition de tuyaux conducteurs, qui arrivent tous au même centre, a donc des effets aussi sûrs que rapides. Le chemin que vous parcourez, avant de poser le pied sur le bâtiment, est, comme je l'ai déjà fait entendre, fleuri et gracieusement orné; des caisses d'orangers, des rosiers, des acacias, des saules-pleureurs, des scringas, d'épais branchages de lilas, vous préparent à d'agréables émotions. Un léger intervalle, entre le rivage et le bâtiment, permet la promenade sur l'eau; plusieurs barques sont amarrées aux peupliers; l'onde, mollement contrariée dans cet espace, semble murmurer ces vers délicieux de *le Gouvé :*

Sous ces bois inspirans coule-t-il un ruisseau :
L'émotion augmente à ce doux bruit de l'eau,
Qui dans son cours plaintif qu'on écoute avec charmes
Semble à la fois rouler des soupirs et des larmes.
Et qu'un saule-pleureur, par un penchant heureux,
Dans ses flots murmurans trempe ses longs cheveux,
Nous ressentons alors, dans notre âme amollie,
Toute la volupté de la mélancolie.
Cette onde gémissante, et ce bel arbre en pleurs,

Nous semblent deux amis touchés de nos malheurs ;
Nous leur disons nos maux, nos souvenirs, nos craintes
Nous croyons leur tristesse attentive à nos plaintes ;
Et, remplis des regrets qu'ils expriment tous deux,
Nous trouvons un bonheur à gémir avec eux.

Votre âme se rassérène en entrant dans ce riant séjour ; vous souriez à un nouvel ordre de choses ; et le bruit fatigant de Paris, son brouhaha insupportable, est déjà loin de vos souvenirs. Vos pieds, fatigués du pavé des rues, pressent avec plaisir une pelouse verte, un plancher uni, qui vous semblent *la terre du repos*. L'odeur des arbustes, des fleurs, le murmure des eaux, tout vous invite aux plus délicieux délassemens : les scènes de la vie, naguères si tumultueuses à vos oreilles abasourdies, au milieu de la capitale, ici deviennent calmes, paisibles et silencieuses. Le roulis de voitures sur le pont Royal se fait bien encore entendre, il est vrai ; mais ce n'est plus qu'un murmure lointain, qui ne domine en rien la douce harmonie du petit théâtre champêtre sur lequel vous vous êtes placé. Les acteurs, les objets qui vous environnent, contribuent au nouveau calme de votre âme: ce sera un train de bois qui filera sous l'arche du pont Royal, avec autant de tranquillité que les eaux de la Seine; quelques batelets la remontent, l'onde alors écume un peu, mais c'est comme un simple frémissement de l'eau, qui se met encore en intimité avec la situation romantique de vos esprits: vous vous croyez, sous quelques rapports, au spectacle pittoresque et mécanique de feu M. Pierre.

Admettons que ce soit un jour de foule, vous vous asseyez, suivant les convenances de votre sexe, au banc circulaire qui vous est destiné. Une conversation de bienveillance s'engage alors entre les personnes amenées là pour un semblable motif : « J'ai passé la nuit dernière au bal, dit l'une, et je suis excédée : j'arrive de la Province, dit une autre, et je veux prendre un bain, pour oublier toutes les petites tribulations de la diligence. » Une dame, avec ses deux filles, annonce qu'elle n'y vient que pour ses enfans qui s'en font une fête. Mais à l'extrémité du banc est une jeune et jolie personne, enveloppée mystérieusement dans son schal boîteux et son vaste chapeau de paille; un roman à la main, elle affecte d'y donner une grande attention, tandis que tout son intérêt se porte vers un beau jeune homme, qui se promène en lui lançant de temps en temps de vives œillades. La vanité, comme dans toutes les autres scènes de la vie, joue là aussi son rôle favori d'orgueil et de comiques prétentions. Par exemple, si une petite maîtresse, arrivée en équipage, demande sa baignoire, *louée à l'année*, ainsi qu'une loge à l'Opéra, elle a eu soin de se faire suivre par son laquais ou sa femme-de-chambre, et dit tout haut, sans nécessité : « *Que ma voiture m'attende à la grille des Tuileries.* » Ce seul mot, dit d'un ton impératif, donne à toutes les personnes qui l'entendent la mesure de son rang; les filles des bains la considèrent davantage; l'aristocratie de la richesse fait peser ici son joug tyrannique; et si l'on pouvait fournir à notre héroïne des eaux d'une autre qualité que celles de la Seine, on les irait chercher, je crois, jusqu'à Rome. Au surplus, on n'épargne rien pour ajouter aux avantages du bain toutes les recherches de l'art; et l'Asie fait encore ici les frais du bain de notre Circassienne.

En général, les femmes préfèrent aux bains Vigier le côté du quai, probablement dans la crainte que du côté de l'eau, des amateurs trop curieux, dans leur indiscrète concupiscence, ne puissent dérouler le secret voluptueux des baignoires, et profaner d'un œil lascif l'innocence de toutes ces belles nudités. D'ailleurs la chronique scandaleuse des bains assure qu'un jeune homme indiscret s'étant logé, et cela exprès, sur le quai Voltaire, avait établi dans son apparment un télescope au moyen duquel il plongeait, pour ainsi dire, dans toutes les baignoires *féminines*, et distinguait les choses et les personnes à un tel point qu'il était en état de compter *les cils des yeux*... Il ajouta à cette première lésion de toute pudeur, celle d'écrire à certaines femmes, le détail de leurs appas les plus secrets : il assignait un rang à leur genre de beauté; par exemple, il comparait l'une *à la Vénus aux belles formes*, l'autre avait une *tête de Niobé*; celle-ci avait la jambe de Terpsychore, cette autre, la ceinture de Vénus, le pied d'Atalante, le sein d'Hébé, *le croissant de Diane*. Les femmes, on le conçoit, devinrent furieuses d'une telle audace;

et si ce n'était leurs amans ou leurs maris, elles ne pouvaient deviner le sylphe malin qui les lutinait de la sorte : Quelques Laïs à la mode, qui tenaient le sceptre de la beauté, furent aussi impitoyablement démasquées par notre railleur, pour avoir des imperfections repoussantes : maints petits mystères de la coquetterie, que le chirurgien seul sait, mais que le public ignore, parce que l'amour-propre les tait avec un soin scrupuleux, furent révélés ; les couplets coururent ; et, finalement, le côté des baignoires du côté de l'eau, resta quelque temps désert, ou bien nos jolies parisiennes tirèrent les rideaux avec tant de précautions, elles multiplièrent tellement les épingles et se couvrirent d'un peignoir si vaste, que l'œil d'un satyre même, n'eut pu percer le sanctuaire de la pudeur aux abois.

Par l'idée d'une recherche fort décente, on a mis, aux deux extrémités du bâtiment, d'abord pour le petit besoin, *c'est ici;* puis pour d'autres nécessités, c'est la : je trouve fort piquante cette manière de faire ainsi la part de l'un et de l'autre désir.

Sur la droite, en entrant, sont de galanes volières parallèles, de forme chinoise, faites d'un treillis en fil de fer et couronnées par un léger parasol en tôle peinte, de dimension circulaire-octogone, dont les huit angles sont terminés chacun par une clochette. Des serins, des chardonnerets et leurs nids si touchans, offrent la plus douce image de l'amour, du bonheur et de l'innocence. Ces petits musiciens toujours vifs, toujours gais, dans leur mélodie inculte, ramènent l'âme aux vrais plaisirs de la nature. Etrangers à l'artifice de nos mœurs, ce n'est pas dans de savantes roulades ou dans des *gargouillades* illuminées aux bougies, et investies du faste des toilettes, qu'ils célèbrent leurs amours; la verdure, les rayons du soleil, voilà leurs coulisses, voilà leurs quinquets; aussi goutent-ils les vraies jouissances; tandis que nous, emprisonnés dans nos théâtres fatigans, nous n'y entendons, la plupart du temps, qu'une plus fatigante harmonie, un laborieux concert auquel la méthode et l'ennui battent la mesure.

En général, le premier mouvement d'une femme qui se déshabille, est de s'assurer que personne ne puisse la voir. Malgré tous les sophismes contre la pudeur innée, il n'est plus douteux que la nature a gravé dans le cœur du beau sexe le gout de la décence, et que le front de la jeune vierge se colore du plus vif incarnat, quand ses innocens attraits sont pris au dépourvu : les peuplades les plus sauvages de l'Afrique et de l'Amérique ont des voiles, tels légers qu'ils soient, et le principe de l'honnêteté agit là, sans que les effets de l'éducation influent, sur elles quoique en disent encore les sophistes. Mais si le premier mouvement d'une femme est pour son honneur, le second appartient à la coquetterie : si elle est dans la fleur de l'âge, si la nature lui a prodigué des agrémens, la beauté du visage, celle du corps, elle trouve du plaisir à se contempler dans une glace ; elle prend les attitudes de nos plus célèbres statues mythologiques ; elle dessine ses formes, se place, déroule ses cheveux, admire la forme jumelle de son sein, l'albâtre de ses épaules qui contraste si bien avec l'ébène de sa chevelure, sourit au miroir complaisant qui réfléchit avec exactitude l'émail de ses dents, donne un ton de langueur à ses yeux noirs, arrondit ses bras amoureux, jète en arrière une chute de reins admirable, et ne peut s'empêcher de se dire tout bas : *si les jeunes gens qui, dans le monde, me trouvent charmante par pure induction, me surprenaient dans ce séduisant état, que deviendrait donc leur pauvre cervelle ?...*

Au mois de juillet, les nageurs de l'école de natation, après avoir remonté la Seine au-delà de l'île St.-Louis, la descendent, suivis d'un bateau; parmi eux, on remarque quelquefois de superbes *Antinoüs*, de ces belles têtes d'Adonis sur des corps d'Hercule; alors nos petites-maîtresses tirent avec une adroite hypocrisie un coin du rideau, pour voir passer les *Antinoüs* qui, dans ce moment, s'amusent à déployer leurs forces musculeuses. Les sens, malgré la plus exquise réserve, ne cèdent jamais leur empire; aussi un trouble secret, cette sympathie enfin qui attire puissamment un sexe vers l'autre, agitent vivement l'esprit de nos héroïnes curieuses; le désir s'élance de leurs cœurs au travers de cette barrière humide, et les nageurs sont déjà loin, que ce désir involontaire les suit encore avec les vagues mollement agitées du fleuve ; c'est l'image de la vie. Rentrées dans leurs baignoires, pourrait-on avancer qu'elles déplorent leur triste et stérile solitude ? — Pourquoi pas : Dieu n'a-t-il pas créé l'amour comme le plus puissant, le plus utile moteur de la nature !..

>Pour égayer ma poésie
>Au hasard j'assemble des traits ;
>J'en fais, peintre de fantaisie,
>DES TABLEAUX, jamais de portraits.
>La femme d'esprit qui s'en moque
>Sourit finement à l'auteur,
>Pour l'imprudente qui s'en choque,
>Sa colère est son délateur.

QUATRIÈME TABLEAU.

BAINS VIGIER, QUAI D'ORÇAY,
SUR LA RIVE GAUCHE DE LA SEINE.

Ce superbe vaisseau, que je surnommerai le *temple d'Epidaure*, et dont Esculape lui-même, semble avoir tracé la brillante architecture, se trouve placé dans la situation la plus pittoresque de la Seine. Le palais de nos rois le regarde, et le fleuve le salue sans cesse de ses flots par un doux murmure. Du parapet du pont Royal, le piéton, le cavalier, peuvent en admirer la superbe ordonnance. La terrasse méridionale des Tuileries, le pont Louis XVI, le corps-législatif, concourent par leur ensemble, à rendre son trône sur les eaux plus radieux. On peut avancer que c'est un des plus beaux monumens riverains, érigés à la déesse Hygie. Au premier aspect il s'empare et des sens et de l'imagination ; le rideau champêtre qui le borne à l'horison dans la belle saison, les rayons d'un soleil de pourpre, à son couchant, font naître dans l'âme une délicieuse rêverie qui s'évanouit lentement avec la vague du fleuve. Que de tableaux s'emparent de l'esprit! Là, du pavillon de Flore, émane le pouvoir souverain, et le concours de toutes les lumières qui maintiennent dans une heureuse paix trente millions d'âmes, heureuses de vivre sous un prince éclairé qui veille pour leur bonheur! Ici, à travers ces arbres, ces statues antiques, sur la terrasse des Tuileries, on entrevoit des couples mystérieux, absorbés dans les effusions du sentiment, et seuls au milieu de la foule: le *Tilbury* du fat opulent roule sur le quai de la rive droite de la Seine, et vole aux Champs-Élisées.

« De l'ennui qu'il évite à l'ennui qui l'attend.....

Sur l'escalier large et majestueux qui conduit à ces bains, descendent par essaims, des groupes joyeux et causeurs de jeunes personnes qui, depuis un mois, se sont fait un bonheur de leur bain. Elles sont au bas de l'escalier qu'elles ont sautillé en fredonnant, que le pauvre paralytique, se soutenant de sa canne chancelante, en a compté à peine deux ou trois degrés. La femme sur le retour y va, sur l'ordonnance de son médecin, réparer ses folies de jeunesse, et l'imprudent libertin y met au régime les boutades de Vénus.

En général, tout établissement de bains sur les eaux ne peut manquer d'avoir une grande supériorité sur ceux construits dans l'intérieur d'une grande ville. L'illusion de la belle nature peut-elle jamais naître au milieu de ces petits jardins factices, circonscrits dans un étroit terrain ? vous n'avez pas quitté la fatigue des rues, le bruit des cabriolets, des fiacres, la scène n'a pas changé : au lieu que dans les bains sur la Seine, c'est un nouvel air que vous respirez, un nouveau monde sur la plage duquel vous abordez, en laissant sur la rive, comme un souvenir importun, les idées sombres et mélancoliques qui ne cessent de vous obséder dans le fracas des villes.

Lorsque vous avez franchi le seuil du TEMPLE D'ÉPIDAURE, *le bureau* s'offre à vous, et une caissière de la plus jolie figure ajoute, par son gracieux aspect, à la fraîcheur riante de vos dispositions. En général, l'extrême propreté et même la coquetterie des femmes de service, le bon choix des garçons d'une tournure tout-à-fait parisienne, tout, là, vous dit que vous êtes dans la capitale des capitales.

Les prix, ici, sont on ne peut plus modérés :

BAINS COMPLETS................ 2 fr. 50 c.
BAINS SIMPLES................ 1 fr. 50 c.

On jouit encore d'une réduction, en s'abonnant ou en prenant quelques cachets à la fois.

Les bains dits *de toilette, de santé, chambres à lit,* exigent naturellement une légère augmentation de prix. Pour surcroît d'avantages, on n'y voit pas de ces baignoires en cuir, en bois, ou autres corps spongieux, qui peuvent causer des justes appréhensions à la personne qui s'y confie.

Ces bains placés moins dangereusement que ceux qui sont sur la rive droite avant le Pont-Royal, ne souffrent pas tant du choc des glaces quand la Seine charie ou est prise; et il ne faut pas conséquemment leur faire faire tous les ans, le périlleux passage du pont. Au surplus, lorsque le grand dégel arrive, il n'y a pas de précautions qu'on ne prenne pour éviter à ces brillans vaisseaux le malheur du naufrage.

Pendant la nuit un phare volumineux

allumé au haut de l'escalier, ainsi qu'à tous les établissemens sur l'eau, en éclairant votre marche, change agréablement les teintes : l'imagination avide de douces vapeurs, s'en empare aussitôt; la longue chevelure mobile des saules pleureurs à travers laquelle vous apercevez la lumière fixe du bureau, les femmes qui vont et viennent et passent comme des ombres, les quinquets multipliés, tout en vous présentant le tableau d'une illumination silencieuse et sombre, font flotter vos sens incertains entre la volupté, le mystère et la mélancolie. Quelquefois le croissant de la lune, posé sur un nuage comme un diadème en diamans sur un beau front, fait filer ses rayons bleuâtres à travers les branchages, et enveloppant tout le vaisseau d'un clair-obscur, semble prendre les baigneuses sous sa tutelle nocturne; le plus simple objet a sa magie : vous avez aperçu une femme enveloppée dans son schall, dans son chapeau; sa figure, son âge, vous sont inconnus; mais vos désirs l'ont suivie dans son bain; votre cœur echauffé s'en retrace la douce image; et enfin, vos pensées perdant leur innocence, *vous rêvez des larcins* qui auraient peut-être moins de charme dans la réalité.

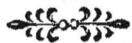

CINQUIÈME TABLEAU.

ÉCOLE DE NATATION D'ÉTÉ,
ET ÉCOLE THERMONECTIQUE, (1)
OU ÉCOLE DE NATATION D'HIVER;

LA PREMIÈRE SITUÉE SUR LA RIVE DROITE DE LA SEINE, PRÈS LE PONT LOUIS XVI ; LA DEUXIÈME QUAI DES INVALIDES, PRÈS LA POMPE A FEU.

On pourrait appliquer à la fastueuse chaussée d'Antin, ainsi qu'à ces écoles de natation, ce que le philosophe Démonax disait d'Athènes et de Sparte :

« Je quitte le temple dangereux du luxe et de la
» mollesse, et j'entre dans celui de la force et
» de la santé. »

En effet, l'Ecole de natation, tenue depuis plus de trente ans par une ha-

---

(1) Composé de deux mots grecs qui signifient *nager dans l'eau chaude.*

bile administration, et singulièrement perfectionnée par ses soins, en suivant les progrès des lumières, en épousant bien le siècle, a concouru, plus qu'on ne pense peut-être, au développement de la belle génération qui croît. Le grand Lycurgue qui eut, entre autres talens sublimes, l'art d'enlever à l'or même ses prestiges, était bien pénétré de cette vérité : « *Que de la force du corps dépend celle de l'âme.* » Aussi son génie, s'élevant au-dessus de toutes les sphères des esprits vulgaires, parvint-il à faire combattre, *nues*, de jeunes beautés spartiates, auxquelles il ne restait plus d'autre voile dans leur pugilat que celui de la pudeur. L'émulation, l'orgueil de vaincre à la lutte, à la course, faisaient évanouir toute bienséance enfantine, et la mâle vigueur, qui brillait dans les yeux de ces superbes amazônes, ne permettait pas à la volupté d'y laisser respirer le moindre sentiment. C'est sans doute, en fait de législation, le comble du génie; mais combien la pudeur a dû avoir à combattre contre les préjugés, avant de se familiariser avec cette virile audace ! Le but de cette institution était de préserver le sexe de toutes les délicatesses, de toutes les douleurs qui accompagnent la grossesse; de leur donner, au moyen de ces violens exercices, une existence exempte d'infirmités; et, enfin, de voir naître de leur sein des enfans robustes et vigoureux. Tel était, en analyse très-rapide, le génie du grand Lycurgue. La natation était aussi particulièrement recommandée par ce législateur austère: il voulait vaincre les Perses, en opposant la force à la mollesse. Aussi les jeunes Spartiates des deux sexes se plongeaient-ils dans les ondes de l'Eurotas, et y déployaient-ils l'audace des meilleurs nageurs.

L'Ecole de natation, qui fait notre

texte, paraît avoir puisé dans la Grèce les belles bâses de son établissement. Elle est, sans contredit, un des plus beaux, et surtout un des plus salutaires théâtres gymnastiques de la capitale: si, aidant à l'illusion, nous voulons y voir Sparte même, la Seine sera l'Euripe, le Champ-de-Mars le Plataniste, et le Corps-Législatif l'Aréopage. Là, nos modernes Spartiates Parisiens, seulement vêtus d'un pagne *génital*, se plaisent à déployer à qui mieux mieux les forces et les grâces du corps: celui-ci, d'un bras vigoureux, prenant *sa coupe*, remonte le bain entier; celui-là plonge et, fier de ses vastes poumons, il reste, montre en main, trois minutes sous l'eau; il égale presque, à cet égard, les Indiens, qui pêchent la perle à la côte de Coromandel ou sur celle d'Ormus; cet autre, extraordinaire dans son talent, a l'art de se tenir immobile et comme sans vie sur la surface des ondes. Là, ce bel adolescent, dont de jeunes femmes, sur le parapet du pont Louis XVI, admirent furtivement la blancheur, s'élance intrépidement de la toiture des bains, et, nouveau jongleur indien, fait un double tour d'adresse et de force, dans lequel sa vie court les plus grands dangers. Cet autre nage entre deux eaux, et semble pouvoir vivre parfaitement dans cet élément et s'y passer d'air; ce charmant étourdi fait une triple culbute avant de s'engloutir, et a la comique manœuvre de ne faire reparaître sur l'eau qu'un pied, tandis que tout le reste de son corps demeure caché. Voyez encore l'habileté de ce plongeur, qui, d'une *tête-devant*, entre dans l'élément liquide perpendiculairement et absolument comme une lame de couteau; il s'est englouti sans fracas, et l'onde fugitive, légèrement agitée, a à peine vu troubler son cristal; c'est un autre *solliciteur*, qui, *audacieux et fluet*, pénêtre partout. De ce côté, c'est un nageur mélomane, qui, ayant l'art de sortir tout son buste de l'eau, joue de la flûte ou du violon, sans mouiller seulement son archet (1).

La scène change, varie, s'anime, est tour-à-tour enjouée, badine folâtre, tumultueuse ou intéressante : celui-ci se précipite d'un petit pont ceintré, qui partage le bain; droit comme un mât, il va bondir sur le sable : les paris se multiplient; l'émulation donne lieu à maints tours extraordinaires; sans se connaître, on est de suite uni par cet esprit d'égalité, qui accompagne toujours la nudité complète de l'homme. Là, point de crachats, de hochets orgueilleux, de rubans moirés : la poitrine d'un militaire, encore jeune, s'y montrera quelquefois couverte de nobles cicatrices; c'est là toute la féodalité nationale qu'on pourra

---

(1) M. Ellevion, célèbre acteur du théâtre Feydeau excellent nageur, faisait ce tour d'adresse.

rencontrer dans ce théâtre de Neptune. Ainsi, le fils d'un duc, d'un marquis, a beau avoir son *bocquet* et sa livrée qui l'attendent sur le quai, nu, comme un simple citoyen, ce n'est que de la beauté du corps, ce n'est que de la force des muscles qu'il peut espérer quelque distinction. Est-il taillé en athlète, en superbe gladiateur: on l'admire, ne fût-il que simple plébéien n'est-il que débile, timide et pauvre de formes, on le regarde sans considération; et, fût-il une altesse, une tête couronnée même, malgré son palais, et toutes ses grandeurs, on ne voit en lui qu'un chétif personnage que la mollesse des mœurs a privé de la vigueur du corps. L'Ecole de natation est un peu, sous un rapport philosophique, comme le cimetière du Père Lachaise, où le grand équerre de l'égalité plane sur la tombe modeste du pauvre, comme sur le mausolée fastueux de l'opulent.

ÉCOLE DE NATATION.

Un spectacle fort amusant, à l'École de natation, c'est d'y voir un jeune adolescent y perdre ses prémices, sous le rapport de la première leçon qu'il y reçoit. Les statuts de l'École ne permettent pas qu'il tâte l'eau; il faut donc que, se livrant avec une aveugle confiance au marinier qui le supporte avec une sangle passée sous ses aisselles, il se précipite, d'un saut peut-être aussi douloureux que celui de Lampsaque, sans cependant avoir les mêmes causes. Mais ce jeune adepte, craintif et pusillanime, devient bientôt un des plus audacieux acteurs de notre Gymnase, et vous le voyez, quelques mois après, affronter en pleine eau les caprices et les gouffres meurtriers de Thétis. Cette *pleine eau*, que les jeunes gens recherchent avec avidité, consiste à remonter la Seine dans un batelet, au nombre de douze à quinze, jusqu'au-delà de l'île Saint-Louis, puis de la redescendre en nageant conséquemment sous les arches de cinq à six ponts, afin de fixer l'attention des Dames, qui passent, à Paris, pour donner les plus grands éloges à cette partie gymnastique de l'éducation, attendu que le corps y acquiert infiniment de souplesse.

Vous remarquerez aussi quelquefois sur la Seine un nageur seul, qui, s'étant fait un petit siége de joncs, où il a placé ses habits et ses vivres, navigue dans ce léger équipage jusqu'à Saint-Cloud. C'est un autre *Chactas*; mais, sur son radeau, point d'*Atala* pour embellir sa course sur les ondes.

Je ne dois pas omettre de parler d'un pont chinois, qui se trouve placé à l'Ecole de natation, au milieu de cette arène d'Amphitrite. Il est curieux de voir s'en élancer un plongeur, qui, poussé fortement par la vîtesse de son poids multiplié, ne rapportera pas moins du fond de la Seine du sable, et même jusqu'à une pièce de cinq francs, que ce lynx amphibie sait y apercevoir.

Il faut encore faire mention de ces jeunes filles, à peine âgées de quinze ans, qui, sous la surveillance de leur père, y reçoivent une éducation toute lacédémonienne, et se précipitent dans l'onde comme le plus audacieux des matelots. On pense bien que nos Parisiens, se jetant à l'envi autour de ces intéressantes néréides, lui forment aussitôt une cour de galans tritons. Plus d'un satyre voudrait peut-être l'enlever et la dérober dans ses roseaux; mais le papa est là, qui, lui-même à la nage, tient la main à la pudeur de sa fille, et empêche que, sous le voile de l'onde, l'amour n'y commette d'indiscrets larcins. On conçoit alors combien le léger caleçon génital devient délicat! Mais les mœurs, secourues par les bienséances, leurs sœurs, accourent aussitôt, et interdisent toute pensée inconvenante.

En peu de leçons, on se soutient seul sur l'eau ; on a même vu un commençant faire seul, et sans être soutenu, toute la longueur du bain ; ce phénomène est arrivé. On a vu plus : un nageur remonta la Seine, depuis le pont Louis XVI jusqu'au pont Royal !... Ce prodige obtint le grand prix de natation du gouvernement. Les joûteurs de la Rapée, du Gros-Caillou, etc., trouveront de droit leur place dans ces tablettes : athlètes vigoureux, on sait que, munis d'une lance tamponnée à l'extrémité, ces *Cosaques* de l'onde font, campés sur la pointe d'un batelet, *houra* l'un sur l'autre ; mais là, la force, l'adresse, plus que l'art du nageur, déterminent le prix, et si quelque chose peut y plaire, en fait seul de natation, ce sont les chutes fréquentes des joûteurs, dont la toilette élégante est sacrifiée en un clin d'œil, souvent après une très-longue résistance.

ÉCOLE THERMONECTIQUE.

Il ne suffisait pas à l'administration, dont nous venons de faire ici un juste éloge, d'offrir depuis long-temps à la capitale un amphithéâtre de natation *classique*, pendant l'été : un autre administrateur, M. Le Court, ingénieux dans ses recherches et jaloux de ne pas se laisser surpasser en brevets d'invention, a aussi créé une école Thermonectique du plus bel aspect, dont l'édifice seul suffit pour y attirer les curieux. Ainsi, neige, frimas, glaçons, couvrez la terre stérile, enchaînez les rivières, les fleuves sous votre haleine hyperborée, n'accordez qu'au patineur léger le plaisir de glisser sur votre dangereuse surface, ici l'on brave vos rigueurs: l'art ne connaît point de saisons ; il culbute les mois ; et les bains de la pompe-à-feu près du quai des Invalides, chassent le cruel *janvier*, et mettent l'aimable *juillet* à sa place, qui se trouve d'ailleurs un peu étonné de sa permutation. Janvier a beau crier, malgré son signe du *Verseau*, on nage sous ses âpres auspices, dans une *eau chaude et courante*. La natation ne se trouve plus, au moyen de cette innovation, soumise aux caprices du bon ou du mauvais temps ; et, enfin, par un froid même de quinze degrés, courez à l'école Thermonectique, vous y aurez un soleil d'août, et tous les bienfaits d'un bain dans la canicule.

N'était-il pas bien maussade, en effet, pour un jeune homme, grand amateur de l'école, de voir à chaque instant naître un obstacle à ses plaisirs, soit par la pluie, un orage impoli, ou un vent nord malhonnête? Qu'il pleuve, qu'il tonne, qu'il gèle, ici nous sommes comme à l'Opéra : nous avons forcé le capricieux souverain des ondes à nous en fournir de chaudes, dussent-elles murmurer de leur captivité nécessaire!

SIXIÈME TABLEAU.

BAINS DES HOMMES ET DES FEMMES, A QUATRE SOLS,
SUR PLUSIEURS POINTS DE LA SEINE.

Peintures grotesques; confusion bizarre; indécence comique; des beautés sous des haillons; de superbes *académies* en guenilles; des embonpoints excessifs, et des maigreurs extrêmes.

Ne cherchez point ici du *Temple d'Epidaure*
Les parfums ravissans, les *Divans des Vigiers*,
Et la toile de Frise, et ces soins minaudiers
D'un esprit énervé qui s'affaiblit encore.
Point de linge embaumé, de ces tapis si doux
Le terrain n'est semé que de cruels cailloux.
La nature, en ces lieux, vigoureuse et sauvage,
D'un plaisir frelaté ne connaît point l'usage;
Mais la santé robuste, et la mâle vigueur,
La bruyante gaîté, coloris du bonheur,
Répand sur ce tumulte et la joie et la vie.
L'eau tiède et captive, en ces bains, est bannie,
Et la Seine, en son cours fier de sa liberté,
Fait rouler dans ses flots la force et la santé.
Tel on voit un essaim de fraîches Néréides,
Ondulant leurs contours sur les plaines liquides,
La grisette, sans voile, offre, nus, au soleil

Ses appas rebondis, son teint frais et vermeil.
D'un savon odorant la liqueur écumeuse
N'étend pas sur son corps sa douceur onctueuse ;
Mais les flots peu galans, dans leurs brusques bienfaits,
Colorent en courant ses nubiles attraits.
Soudain elle s'habille, et, sa guimpe mouillée,
D'un pied vif et fripon, se glisse au Colysée.

Si quelque chose a droit de frapper vivement les yeux de l'observateur, ce sont sans contredit les bains à quatre sous sur la rivière à Paris, dans le temps des grandes chaleurs. Je commencerai par les bains du sexe féminin : il faut de la politesse.

En face de l'hôtel des Monnaies, par exemple, sur la rive gauche de la Seine, est ce *superbe* établissement, composé de quelques pieux enfoncés dans le sable, auxquels sont mal ajustées des planches grossières qui forment la ceinture de cette enceinte, à peu près de soixante pieds de largeur et de deux cents en longueur. Une toile à voiles interdit aux Actéons modernes la vue de toutes nos Dianes au bain : non pas que beaucoup en fussent formalisées, et qu'aucune même voulût changer les curieux en cerfs ; mais c'est ici, au défaut de pudeur, une mesure de police; et dans l'absence de la vertu, on impose un réglement de décence. On voit là, pêle-mêle, des femmes, des filles de tout âge; une nudité complète les livre avec insouciance aux regards les unes des autres : brûlures, cicatrices, plaies dégoûtantes, on n'y a honte de rien; c'est, en quelque sorte, un vaste cercueil où les cadavres insensibles ont dépouillé la vanité des intérêts de ce bas-monde. Les jupes, les chemises, les bas, les fichus, les robes, sont mis par paquets et fixés à des cerceaux qui soutiennent la toile en demi-ceintre : plus d'une baigneuse, il est vrai, s'est vu ravir sa toilette, et n'a dû qu'à la pitié d'une étrangère, le moyen de ne pas rentrer chez elle *in naturalibus*, c'est à dire, en bon français, en montrant son derrière aux passans.

Plusieurs échelles rudes et grossières, placées obliquement, du bateau dans l'eau, offrent aux femmes la facilité de descendre plus aisément : c'est déjà un tableau bien plaisant que la figure, la grimace qu'elles font toutes en tâtant l'eau du bout de leurs pieds. Telle arrive en guenilles, qui, dépouillée d'une chemise tigrée de morsures de puces et en lambeaux, découvre aux yeux éblouis et étonnés, un corps de nymphe. Praxitèle l'eut prise pour modèle, et les ateliers de la Capitale la payeraient un louis par séance pour *poser*. Près de là une mère de famille aura amené, sans conséquence, son petit garçon âgé de quatre ans ; *son sexe* encore insignifiant n'a rien qui puisse alarmer les femmes ; ce n'est encore qu'un embryon, une ombre de virilité qui espère du temps ses heureux destins; aussi notre nymphe l'a-t-elle pris entre ses genoux, le presset-elle sur son sein pour l'aguerrir au froid de l'eau dont elle s'amuse à lui jeter quelques gouttes au visage. Maintes caricatures fixent encore les regards sur la surface des ondes : ce sera une femme dont la gorge énorme menace d'engloutir sa jeune fille de dix ans, qu'elle tient sur ses genoux ; puis une dévote du marais, qui, coiffée d'un petit bonnet en cœur et à papillons, poudrée à blanc, les mains croisées sur sa poitrine, accroupie et dans une attitude immobile, prend un bain de santé avec componction : mais une jeune étourdie, amazône dans toute la force du terme, petite néréide échappée de la cour de Neptune, plonge soudain près d'elle et la faisant chavirer, met à flot et la cornette pudique et le mouchoir à tabac qui couvrait une petite gorge toute ridée et honteuse ; cette autre folle fait nager son chien barbet, et les puces de voler sur les voisines. Parmi toutes ces actrices qu'une de nos meilleures caricatures a si bien représentées sous le titre de *Bains des grasses et des maigres*, vous remarquerez un colosse informe qu'un squelette affreux menace de couper de ses angles tranchans.... Viendra encore un essaim joyeux de jolies grisettes, de piquantes marchandes de modes, qui, le fin petit paquet de serviettes à la main, afin de s'essuyer en sortant de l'eau, jabotent, parlent, parlent, se déshabillent, babillent, et ne laissent pas de vous faire admirer mille attraits fripons. Une corde se trouvant tendue à un pied de distance au-dessus de l'eau, afin de servir de guide tutélaire à toutes nos Lédas, plus d'une folle s'en compose un divertissement, et y essaye des tours dans lesquels sa pudeur fait les plus comiques contorsions : n'omettons pas cependant de dire que quantité de filles, ou soi-disant telles, gardent leurs chemises, et dans ce naufrage, sauvent au moins les principaux débris de leur pudeur. Quant aux vieilles, reculées dans des coins, à l'abri des plaisirs bruyans et dangereux de la jeunesse, elles savourent les bienfaits du bain avec calme, tel qu'un vieux gourmet sirote un bon vin de l'ermitage ou du Clos-Vougeau. Une marchande de gâteaux viendra de temps en temps avec une bouteille de liqueur, offrir, pour quelques sous, son restaurant ambulant. J'ai peint à grands traits le tableau ordinaire de ces sortes de bains; j'ajouterai encore qu'il y en a à six sous par personne; alors vous êtes seul entre quatre planches, comme un fou dans son cabanon; ce qui ne vaut pas, à bien prendre, le tumulte joyeux du bain banal. Mais je ne dois pas omettre les événemens qui ont quelquefois troublé ces lieux publics: en outre des batteries qui surviennent entre deux poissardes, on a cité de ces plongeurs intrépides, qui, se glissant entre deux eaux parmi les baigneuses, ont mis le comble à la profanation par certaines entreprises audacieuses; d'autres favorisés d'un minois semi-féminin, ont abusé de leur air hermaphrodite pour violer l'asile de la pudeur; mais ces loups déguisés ont été bientôt reconnus dans la bergerie, et punis sévèrement de leur témérité.

Le bain des hommes, toujours à quatre sous, présente à peu près les mêmes effets : montez seulement de quelques tons le diapason de la scène, de quelques tons de plus de licence, de cris, et vous en aurez une image parfaite. Vous y verrez d'ailleurs un honnête cordonnier, ancien syndic de sa communauté, qui, un petit thermomètre à la main, poudré en ailes de pigeon, le fin chapeau à trois cornes sur la tête et la queue retroussée dessous, prend son bain *à la papa*, sans que les petits polissons, qui folâtrent autour de lui avec des vessies passées sous les bras, le dérangent en la moindre chose. Peu éloigné de lui, un grand efflanqué, dont le corps évidé et pauvre présente à l'aspect maintes cavités déplaisantes, fait une grimace de possédé en essayant, à plusieurs reprises, de se livrer à son petit talent de natation : un énorme quidam, probablement marchand de vin, petite perruque ronde de laine noire sur la tête, avec son ami de la même force et qui a posé la sienne sur le sommet d'un pieu, se tiennent ensemble près de l'escalier dont ils ne bougent, tandis qu'un fier-à-bras battant l'eau de toutes ses forces, se plaît cruellement à les intimider.

Tels sont en général les bains *à quatre sous*, sur la rivière pour les deux sexes; c'est la nature toute nue et sans fard, telle qu'elle se montre dans *Vadé*, ou telle que le pinceau de *Rembrandt* nous l'offre dans ses tableaux pleins de vérité.

Gardons-nous d'oublier ce trait d'un

Anglais digne de figurer au rang des premiers articles d'un opuscule, ayant pour titre : Les Ricaneries. N'omettons pas, puisque nous avons encore notre palette chamarrée de peintures burlesques, de faire connaître à nos lecteurs la plaisante bonhomie de sir Hohenbrock, d'ailleurs d'une corpulence énorme, qui, tous les matins, très-soigneux de prendre, à notre fastueux établissement de quinze centimes par personne, un bain de rivière, *et conséquemment à l'eau courante*, répand autour de lui dans l'onde rapide, et cela avec une gravité délicieuse, deux grandes bouteilles d'eau de Cologne du célèbre Farina, avec lequel il est exprès en correspondance. — « *Lé eau de Cologne*, dit sir Hohen-
» brock, *est fort beaucoup plus qué
» séluitaire pour lé confortatione et lé
jouissance dé lé odorate.* » Cependant à peine a-t-il versé la liqueur spiritueuse, que les flots l'emportent; mais

c'est égal, sir Hohenbrock, immobile, prend son bain, et vante à tout le monde, dans tout le sentiment de la foi, les bienfaits de cette eau divine. — C'est le même personnage, qui, arrivé en poste rue de la Paix, prit la colonne de la place Vendôme pour un superbe tuyau de poële. On voit que ce noble insulaire est d'une bonne force.

SEPTIÈME TABLEAU.

BAINS DE TIVOLI,
RUE SAINT LAZARE.

Luxe de la Chaussée-d'Antin. Grand ton ; jardin spacieux et petits ponts chinois. Bain nuptial. Maison de santé ; belles convalescentes qui ne laissent pas de faire toujours l'amour ; des petits déjeûners le matin dans les bosquets, et de grands feux d'artifice le soir dans les allées.

Si la dépense qu'exige tel ou tel rôle, constitue ce qu'on appelle la bonne compagnie, si l'on ne peut être *distingué*, suivant l'expression de rigueur, qu'avec beaucoup de toilette, *du genre*, un coupé-potiron, ou bien un *Tilbury* du fameux carrossier de la rue de la Paix ; enfin avec toute la toilette et les grands airs de l'opulence ; c'est aux Bains Tivoli qu'il faut aller pour voir des personnes vraiment *distinguées*. Des voitures élégantes, des laquais grouppés dans la grande avenue d'entrée, vous donnent aussitôt le diapason de la scène : de charmantes petites-maîtresses, savantes dans la pantomime du dédain, s'y rendent en foule des quatre points cardinaux de la Chaussée-d'Antin. Le bain n'est-il pas d'ailleurs une des principales scènes du canevas léger de la vie d'une petite-maîtresse !... — « *Je viens de chez Le Roy* (1), *de chez Melle Despeaux, du passage des Panoramas ou des Bains de Tivoli*... Ne voilà-t-il pas le plus beau cours d'ÉCONOMIE DOMESTIQUE d'une belle indolente ?... » Mais ce sera le comble du bonheur pour une jolie femme d'arriver en riche berline de sa terre, et de descendre à la *Maison de santé* de Tivoli : alors elle a

---

(1) Fameux marchand de modes, rue de Richelieu.

ses nerfs éternels, ses spasmes, ses tintemens, ses nébulosités de cerveau et ses vapeurs; et quoique faisant ses quatre repas, elle s'abandonne en fanatique aux soins d'un jeune médecin qui met, pour elle, toute la pharmacie du célèbre *Cadet* et toute la botanique de l'immortel Linnée, en bonbons et en dragées. Le bain principalement, le bain est le panacée universel de notre galant Esculape. Il est, à cet égard, ce qu'est le docteur Sangrado au puissant spécifique de l'eau. Il explique donc longuement à la jolie malade d'imagination, tous les bienfaits sans nombre de la baignoire; il ordonne lui-même le degré de chaleur (c'est celle, ordinairement, du papillon devenu ver-à-soie.)

BAIN NUPTIAL.

Le bain dit *nuptial*, à Tivoli, coûte ordinairement un louis. Il consiste, pour un jeune homme qui doit se marier le lendemain, et qui, voulant faire des prouesses et désirant donner à sa chère épouse des preuves nombreuses de sa tendresse, a recours à ces procédés ingénieux, il consiste, dis-je, à prendre d'abord un bain aromatisé par des vins étrangers d'une nature fortifiante, tels que le vin pectoral de l'Ermitage, la liqueur des vignes d'Alicante cuite au foyer d'un soleil brûlant. Ces premiers préparatifs, accompagnés d'une collation nutritive et stimulante, telle que des truffes cuites dans du vin de Champagne, du sirop de bouillon de veau, du pain de fécule de farine et des émincées de gigot à la sauce tomate, étant terminés, le futur, électrisé par ces puissans véhicules, sort du bain, revêtu seulement d'un léger peignoir, et passe à la salle dite des *cosmétiques* et des *macérations*, où des garçons, munis d'éponges fines et de tampons en coton, ainsi que de morceaux de flanelle, le *tatouent* d'essences, d'huiles aphrodisiaques, d'esprit de musc, de suc de roses turc, lui font des lotions d'eau de Cologne combinée avec du baume du Pérou, d'extrait de girofle, de vanille, de canelle, d'ambre, de palmirène léger et de certain *insecte pilé*; et bref, le frottent et le massent, à force de bras, de la vertu enivrante de tous ces élixirs, au point que les émanations capiteuses de toutes ces compositions s'emparant bientôt des fibres du cerveau et de tous les sens, notre jeune marié sent circuler dans ses veines un feu dévorant, et se croit en état, dans son imagination brûlante, de surpasser en volupté, même les travaux du grand Alcide. Vous restez plus d'un an imprégné des feux de cette seconde vie, et le parfum que vous exhalez, joint aux qualités brillantes que vous développez, vous font idolâtrer d'une épouse qui vous aime et vous respecte d'autant plus que vous lui avez prouvé, en comblant son bonheur, que la nature vous avait donné la force, qualité dont le beau sexe en général fait beaucoup de cas dans un mari.

MAISON DE SANTÉ A BAINS.

Paris renferme dans son sein un grand nombre de *maisons de santé*, consacrées à tous les genres de maladies : plus d'un provincial inexpérimenté y expie ses premières erreurs galantes. M. De Jouy a décrit avec son talent enchanteur ces mêmes maisons ; que ne nous prête-t-il un instant sa brillante palette ! mais il est à cet égard un peu comme le bon Lafontaine,

> Qui peignit la nature et garda ses pinceaux.

Tivoli, sous le rapport sanitaire, offre les plus heureux sites, les plus doux avantages. Flore répand à profusion sa corbeille dans ce séjour charmant: c'est l'Italie de la capitale ; et dans les longs jours d'été, vous vous y croyez sous le beau ciel de la Toscane. Les sens, le cœur s'épanouissent aux plus douces émotions. En mettant le pied sur cette terre tapissée d'une épaisse verdure et jonchée de lilas et de roses, plus d'une personne, après y avoir passé quelques mois, voit avec chagrin arriver le terme de sa guérison; et long-temps après s'écrie: *Dieu! que j'étais heureuse quand j'étais malade à Tivoli!* Le jeu de bagues, le tir, la balançoire, le volant, le billard, et mille innocentes folies y composent les entr'actes des bains. Si jamais les faveurs de la fortune peuvent nous paraître précieuses, c'est dans les bosquets de Tivoli. Pour de véritables malades, à parler franchement, souvent on n'en voit pas. Je pourrais dire à cet égard avec C. N. « *J'approchai; des chants joyeux se firent entendre, et je fus fort étonné de trouver les jeux, les ris, les plaisirs, là où je croyais rencontrer la douleur et la mort.* »

Ces petits lazarets de bonne compagnie sont généralement tenus par d'anciens Esculapes, recommandables par leurs talens, leur circonspection et leur aménité. Le médecin de la maison de santé est plutôt là un propriétaire riche qui reçoit ses bons amis à sa maison de campagne, qu'un docteur grave et empesé. Le degré de votre fortune et de vos dépenses détermine l'élégance de votre mobilier. Là, c'est un général en retraite qui passe son été à réparer les ravages deses passions d'hiver. Une jeune veuve, en proie au double chagrin d'un éternel procès et de ses vapeurs, logée sur le même palier, suppose bien quelques politesses; mais de pur voisinage... Ajoutez à la composition de cette maison de santé de ces jeunes Clarisse Harlowe, poursuivies par de dangereux Lovelaces et qui n'ont absolument besoin que de *neuf mois d'absence,* pour rentrer dans tous les honneurs de leur réputation.

L'heure de la promenade, celle du dîner sont une nouvelle source d'agrémens. Les cavaliers s'empressent de donner la main aux dames. Chacun parle des effets qu'a produits le bain. Celle-ci, partisan de Jean-Jacques, donne le sein à un beau nourrisson: elle est venue à Tivoli pour avoir un lait plus abondant. L'amour maternel fait quelques sacrifices à la pudeur: un fichu s'écarte à demi; un colonel de cavalerie-légère, qui prend les fumigations pour un coup de feu reçu en Espagne, savoure du coin de l'œil tout le charme de ce tableau. Cette jeune élégante plaide en séparation contre un mari brutal et quinteux. Au bout de la table, c'est un négociant de Bordeaux, qui, certes, se porte à merveille; mais il a déposé son bilan, et, par prudence, il vient prendre le bain d'*ondées*, pour se rafraîchir les sens un peu agités. Au surplus, il se garderait bien de lire les journaux à l'article *Commerce*.

Quelle est cette belle personne de dix-sept ans, qui donne un baiser respectueux à cette dame âgée? C'est mademoiselle de Sernange, qui, si fraîche, si radieuse de santé, n'en prend pas moins les eaux minérales factices, pour des affections mélancoliques et des palpitations soudaines: le chevalier Sainte-Rose, assis à côté d'elle, prend le plus vif intérêt à sa santé, et la met au régime de toutes les romances nouvelles, afin de la guérir de cet état vraiment alarmant. Il l'accompagne au bain, et porte son schall et sa gibecière dans les bosquets. Oh! c'est un jeune homme bien serviable, car il ne dédaigne pas de donner le bras à la vieille tante, et pousse la vertu jusqu'à endurer patiemment le long récit de ses douleurs rhumatismales.

Le soir, lorsqu'une douce obscurité s'étend dans le jardin, on rentre; on prend le thé, on organise un concert d'amateurs : celui-ci lit l'impromptu qu'il a composé depuis vingt-quatre heures: Mademoiselle de Sernange montre sa bourse en perles, bien avancée: on parle de *Byron*, du *Voyage à Dieppe*, de *Walter Scott*, de *Riquet à la houppe*, de *la nouvelle salle de l'Opéra*, de *Bonaparte*, de *la reine d'Angleterre*, d'*Ipsilanti*, des *Florides* et du *coin de Rue*. Les modes nouvelles se croisent avec les Cortès et le général Pepé; on cite un nouveau pas de Paul, d'Albert, à travers des fragmens d'un discours de Benjamin Constant, qu'on admire. Le vieux médecin parle politique, et Sainte-Rose exprime, dans sa pantomime, un profond sentiment... Enfin, un jeu de cartes, déployé en éventail, est offert:

l'écarté, le boston, le vingt-un, forment des groupes ; une collation y succède. La gaîté fait naître l'idée d'une contre - danse soudain improvisée. Sainte-Rose prend son violon : tous ces *malades* ont bientôt organisé, en trois coups d'archet, un bal où la plus brillante santé préside. On se sépare ; chacun prend sa lumière : le médecin, s'approchant de l'oreille de Mademoiselle de Sernange, la gronde sur ses *remèdes édulcorés* qu'elle néglige ; celle-ci rougit et bougonne d'un ton enfantin ; puis il recommande son *cachou pectoral* aux Dames, et distribue, en riant, quelques *pistolets à la Werther* pour les avaler. Sa manière de tâter le pouls est délicieuse ; il leur baise la main à chacune, avec les manières et le bon ton de la vieille cour. Pour celles-ci, elles ne pensent qu'au galant négligé dans lequel elles paraîtront le lendemain au déjeûner. Quelques pressions furtives de mains ne sont pas aperçues des grandes tantes; et Sainte-Rose, offrant son bras à celle de Mademoiselle de Sernange, glisse à cette dernière une nouvelle *nocturne* de sa composition, dans laquelle il l'assure, en conscience, que » *l'amour est le plus doux lien des* » *cœurs.* »

A onze heures, le lendemain, les plus jolies minauderies de la part des femmes : c'est un *canezou* coquet, qui n'a coûté que deux petites heures à mettre; puis un cachemire jeté de suite sur l'épaule, et qui, par un pur hasard, oh! oui, un pur hasard, laisse entrevoir certaines formes jumelles, auxquelles un corset mal lacé donne le plus voluptueux désordre.

Tel est le cercle *douloureux* dans lequel tournent sans cesse les malheureux convalescens de Tivoli.

HUITIÈME TABLEAU.

BAINS CHINOIS,
AUTREFOIS DITS ORIENTAUX,
SITUÉS SUR LE BOULEVARD ITALIEN.

Quel pays merveilleux ! Sans sortir de Paris,
Dans le Palais-Royal, vous avez des Chinoises : (1)

---

(1) Le café, situé au milieu de la galerie de gauche, se nommait autrefois le *Café des Etrangers* : depuis quelque tems il a pris le titre de *Café des Chinoises*. En effet, on y est servi par de très-jolies femmes, costumées à l'orientale, qui vous apportent, d'une manière gracieuse, tout ce que vous pouvez désirer. Les salons sont magnifiques, riches en peintures, en glaces, et éclairés avec une profusion éclatante. Au bas de l'escalier est un Chinois immobile qui sert là de hallebardier. Vous devez prendre à la caisse une *entrée* de 50 centimes, mais dont vous avez la faculté de faire la consommation au choix. Lorsque l'orchestre exécute une symphonie, alors la grande *mandarine*, chargée de perles et de mille ornemens asiatiques, se lève avec une gravité on ne peut plus comique, et parcourt majestueusement les salons, suivie d'un petit Chinois portant la longue queue de sa robe.

Le comptoir, également d'une grande richesse, est tenu par des dames charmantes dont la belle figure et l'aménité contribuent puissamment à attirer le public dans cet établissement extraordinaire. Le propriétaire, d'ailleurs, par son zèle et son extrême politesse, inspire aux curieux le désir de revenir le visiter.

L'une sert du café, l'autre des bavaroises.
Du goût d'être *Chinois*, vous sentez-vous épris?
Lise, *Adèle* et *Clémence*, aimables *Bordelaises*,
Pour vous distraire, ici, se sont fait Japonaises.
Le rhum vous plairait-il?... un service en vermeil
De son feu phosphorique étale l'appareil.
O prodige nouveau! ces charmantes Indiennes
Ont appris, en trois jours, les façons parisiennes.
Un orchestre chinois, arrivé de Pékin,
Exécute, en ronflant, un solo de Martin:
Mais dans les *Bains chinois*, c'est un autre artifice.
D'un *kiosque* élégant tracez-vous l'édifice;
Sous des rochers de plâtre un amas rocailleux
D'une grotte en carton a l'aspect gracieux.
Dans ce gouffre factice un magasin de modes
Echafaude avec art ses coûteuses pagodes;
Et dans cette mosquée où tout se fait chinois,
On vous dit le bonjour en excellent françois.
La façade est ceintrée, et d'un quadruple étage
Vous offre l'ordonnance originale et sage.
Costumes et parfums, clochettes et vitraux,
Tout y revêt l'aspect des rits orientaux.
Non loin du boulevard deux figures grotesques,
D'un parasol chinois se préservant le teint,
Exprime le plaisir, sur leur visage empreint.
Leurs habits sont chargés d'emblêmes arabesques.
Ainsi le Parisien, tout près de sa maison,
Peut, la canne à la main, aborder à Canton.

Tel est, en style enjoué, le tableau, à l'extérieur, des bains dits *Chinois*. Mais, pour parler plus gravement, nous dirons que cet établissement, parfaite imitation des bains orientaux, quant à l'architecture et à toutes les formes du dehors, offre à la belle société, à la petite-maîtresse les délassemens les plus dignes de ses attraits ; le mobilier, le linge en sont de la plus grande fraîcheur, les cabinets élégamment ornés; et quand ce ne serait que le seul aspect de ce petit édifice original, qui vous transporte en imagination dans des régions et des mœurs lointaines, cela ne suffirait-il pas pour y attirer la foule ? les prix y sont d'ailleurs on ne peut plus modérés.

On jouit encore d'une diminution, en prenant à la fois une certaine quantité de cachets. D'un autre côté, on ne peut douter de la bonne compagnie qui fréquente ces bains, puisque c'est des magnifiques hôtels de la rue du Mont-Blanc, celle le Pelletier, de la rue Cérutti, d'Artois, que descendent les brillans équipages qui s'y rendent. Le baume suave de l'opulence, dans ce superbe quartier de la capitale, répand ses parfums à la ronde : l'indigence s'en éloigne en essuyant une larme avec un pan de ses lambeaux.

C'est particulièrement aux Bains Chinois que l'on peut se procurer tous les cosmétiques et inventions importés de l'Asie, pour conserver la beauté. Vous y avez le bain *à la Bayadère*, dont nous allons donner le détail :

Ce bain coûte trente francs : une femme jolie en sort belle ; une femme belle y devient ravissante ; une femme ordinaire y acquiert un surcroit d'attraits ; une femme laide y puise beaucoup d'auxiliaires compensateurs ; la vieillesse y laisse vingt bonnes années ; la jeunesse fatiguée en revient couverte de lys et de roses ; enfin c'est la panacée universelle, le grand et unique spécifique ; et l'on pourrait appliquer à une *bai-*

gnoire composite des Bains Chinois, ce que Xénocrate disait de la ville d'Epidaure, « *c'est l'ennemi du temps.* »

C'est là qu'on emploie avec un succès prodigieux l'EAU PERSANE DES BAYADÈRES, de MM. Mayer, Naquet et compagnie, brévetés spécialement par sa Majesté. Cette mixtion (1) conserve la peau dans un brillant que les années ne sauraient altérer : le doux incarnat de la rose et la blancheur des lis se confondent toujours sur le teint des personnes qui en font usage. Mais pourquoi, dira peut-être un philosophe chagrin, recourir à tant d'art ? c'est insulter la nature, que lui supposer tant de fragilité dans ses chefs-d'œuvres : oui, mais ne sait-on pas que les charmes de la jeunesse, semblables aux fleurs, ont besoin d'un adroit jardinier ?... Pourquoi refuser les

---

(1) Son prix est de trois fr. : galerie de droite, au Palais Royal.

bienfaits de cet art, puisé même dans les plantes, si, par ce moyen, nous pouvons soustraire quelques printems aux outrages dévastateurs du temps?... La beauté ne réside pas seulement dans l'élégance des traits : une douce harmonie de couleur répandue sur le teint, la constitue souvent. Socrate a dit que, « *la beauté n'est pas plus profonde que la peau.* » Les Grecs, qui avaient, pour ainsi dire, créé *l'art d'embellir le genre-humain*, se baignaient plusieurs fois dans un même jour, et faisaient sur leur visage de fréquentes ablutions avec nombre de cosmétiques. En France, et généralement en Europe, on doit s'étonner que la cosméologie soit presque placée dans le rang des futilités inventées pour nourrir la coquetterie. Les Perses ne pensent pas ainsi, et nous sommes trop heureux quand un voyageur instruit peut, à l'aide de ses recherches, rapporter de ces rives lointaines une composition chimique, dont l'efficacité soit incontestable. La beauté, de tout temps, eut un trône dans le cœur de l'homme. Les Grecs n'érigèrent-ils pas une *statue d'or* à la belle Phryné, Aspasie, à Athènes, voit à ses pieds les premiers de l'Aréopage. La belle Flora, à Rome, est divinisée. Dans nos siècles modernes, les Ninon de l'Enclos, les Marion de l'Orme, tinrent, avec une puissance presque divine, le sceptre de la beauté pendant à peu près un siècle. Mais, si l'art des cosmétiques et des bains ne les avaient secondées, la nature aurait eu beau leur prodiguer tous ses dons ; semblables aux perles ensevelies dans le sable de la mer, elles n'auraient pas brillé sur la scène du monde d'un aussi grand éclat.

Certes, Madame Récamier, Madame Tallien étaient des beautés accomplies ; mais il aurait suffi de voir leur salle de bains, chef-d'œuvre de cosméologie, pour se convaincre jusqu'à quel point l'art peut embellir la nature. Il est prouvé qu'une femme de cinquante ans peut être plus fraîche, plus appétissante, qu'une fille de vingt, si elle sait se soigner.

Les Italiennes nous paraissent employer encore beaucoup plus de temps que les Françaises, à l'entretien et à la conservation de leurs attraits, ayant soin de maintenir, par la *science des jours*, une atmosphère modérée dans leurs appartemens, et de les garantir de l'extrême chaleur par des persiennes et de triples rideaux; elles poussent la recherche sur ce point jusqu'à lambrisser en quelque sorte de morceaux de glaces placés dans des boîtes, leur boudoir, afin d'y entretenir une éternelle fraîcheur. Pour avoir le teint toujours brillant, on en a cité qui ne se mettaient jamais au lit, sans s'envelopper le visage d'un léger tissu de bandes de veau.

Mais l'eau persane des Bayadères, sans exiger ces soins laborieux, l'emporte sur ce bizarre moyen.

MANIÈRE DE S'EN SERVIR.

On peut se servir généralement de cette préparation comme eau de toilette ; elle rafraîchit et raffermit les chairs.

La quantité d'une cuiller à bouche dans un verre d'eau sera très-agréable pour les ablutions des mains et du visage ; la propreté, la santé même, recommandent cet usage, matin et soir.

Un linge blanc de lessive, trempé dans cette eau et passé légèrement sur la peau trois ou quatre fois dans un jour, suffira pour faire disparaître en peu de temps les verrues et les taches qui s'y fixent assez souvent.

Les hommes, après l'action échauffante du rasoir, en mettront quelques gouttes dans leur dernière eau pour empêcher la sécheresse de l'épiderme.

Les personnes attaquées d'une exsudation habituelle aux pieds, et qui répand une odeur fétide, devront en imprégner une éponge, et faire une légère friction à ces extrémités. Pour les douleurs rhumatismales, les gerçures et les crevasses, on en conseille le même emploi.

Quelques gouttes dans un mouchoir, ou sur les vêtemens, sont un préservatif contre le mauvais air.

La quatrième partie d'un flacon jetée çà et là dans une chambre y répand à l'instant un parfum délicieux qui se propage de pièce en pièce et chasse les exhalaisons pestilentielles. Cet usage est principalement nécessaire aux chambres où l'on couche et dans les appartemens occupés par plusieurs personnes.

Un demi-flacon répandu dans un bain produira le plus

salutaire effet ; il préviendra toute espèce d'évanouissement ou de faiblesse qu'occasionne aux personnes délicates la vapeur de l'eau chaude.

Enfin ce spécifique, dont il serait trop long de démontrer tous les avantages, peut s'employer extérieurement et intérieurement, après une chute, ou tout autre accident dont l'effet agite fortement ; 20 à 30 gouttes dans un verre de vin ou d'eau suffiront seules pour prévenir un plus grand mal.

Cosmétique vivifiant, l'*Eau des Bayadères* s'insinue dans les pores avec une douce activité, pénètre dans toute l'économie animale, purifie le sang et répand dans notre être cette chaleur modérée, inséparable d'une bonne santé.

Ses propriétés sont de rappeler sur a peau ces couleurs purpurines et transparentes, vrais symboles de santé et de fraîcheur.

———

On a parlé beaucoup de la célèbre courtisane greeque, la séduisante Laïs, l'idole de Corynthe. Bien des personnes la citent, et ne pourraient même pas dire le lieu de sa naissance. Le luxe de ses bains nous porte naturellement à parler de son art dans la parure.

Toilette de Laïs, et Anecdotes sur elle.

Laïs était de Sicile. Un général athénien la transporta en Grèce. Elle s'établit à Corinthe, se voua au culte de Vénus, et mit ses faveurs aux enchères. Elle était douée d'une rare beauté et de beaucoup d'esprit. Les peintres allaient chez elle pour prendre modèle d'une belle gorge; car, à l'imitation des Bayadères Persanes, elle soutenait ses seins pendant la nuit, dans deux étuis d'ébène ouattés en dedans, afin d'en conserver la ferme élasticité; maintes parties du corps, chez elle, étaient également garnies de sachets odorans. Apelles avait cueilli ses prémices. Il la vit un jour revenir de la fontaine: son extrême jeunesse, sa beauté le frappèrent; il l'aborda, la flatta et l'engagea à venir dîner chez ses amis: ceux-ci le raillèrent de ce que, au lieu d'une nymphe exercée, il amenait une jeune innocente. — « Rassurez-vous, répondit-il, je l'élèverai si bien, qu'avant trois ans elle sera experte dans son art. » Il tint parole : Laïs devint une des courtisanes les plus renommées. Corinthe, qu'elle a embelli par de superbes édifices, fut le théâtre de ses plaisirs. Lorsqu'elle allait au temple de Vénus, le peuple, transporté, la suivait en foule, et lui rendait hommage comme à la déesse de la beauté. Démosthène alla tout exprès à Corinthe pour acheter une de ses nuits ; mais étonné du prix, il y renonça, disant qu'il n'achetait pas si cher *un repentir*. Le vieux sculpteur Miron ambitionna aussi ses faveurs, mais il fut repoussé. Attribuant sa disgrâce à ses cheveux blancs, il les cacha sous une perruque, et retourna vers Laïs, qui lui dit : « *Sot que vous êtes ; vous demandez une grâce que j'ai refusée à votre père !* » — Elle raillait souvent de la prétendue sagesse des philosophes : Je ne sais, disait-elle,

» s'ils sont plus austères que les autres
» hommes, mais ils ne sont pas moins
» souvent à ma porte. » Cependant cette
beauté superbe, qui élevait ses faveurs
à si haut prix, les accordait sans intérêt
au cynique Diogène. Elle imitait les médecins charitables, qui traitent les pauvres gratuitement. Ou bien peut-être
encore, dans son génie un peu licencieux, disait-elle, avec la Sophie Arnould : « *Ça leur fait tant de plaisir, et ça me coûte si peu !...* »

<pre>
        Nos belles, à ce que je croi,
        Ont hérité de ce caprice :
Telle refuse encor d'admettre sous sa loi
Un Apollon blondin, qui prend à son service
Un Priape aux crins noirs.....Demandez-lui pourquoi?...
</pre>

POUR SA TOILETTE, ses bains, quel luxe !

Entourée de vastes bassins en or et d'aiguières d'argent, de miroirs, d'aiguilles pour démêler les cheveux, de fers pour les boucler, de bandelettes pour les lier, de réseaux pour les envelopper, et de poudre jaune pour les couvrir ; on voyait encore sur cet autel de Vénus, des boîtes contenant du rouge, du blanc de céruse pour embellir la peau, du noir pour teindre les sourcils, de l'opiat pour les dents, puis des essences de la plante *Parthénon*, pour parfumer les vêtemens. Son usage était de se frotter les paupières avec de la poudre astringente, afin de les rétrécir, et rendre ses yeux plus grands et plus fendus. Enfin, si ce n'est la belle Cléopâtre, aucune femme ne recula plus loin l'art de la toilette; et son boudoir, théâtre de ses nombreuses faiblesses, était, pour mettre le comble à la séduction, un séjour enchanteur resplendissant du plus brillant appareil.

NEUVIÈME TABLEAU.

BAINS TURCS,
RUE DU TEMPLE.

Volupté asiatique; mœurs musulmanes; ablutions à la Mahomet; service fait par des mécaniques, et au moyen de l'acoustique; des simarres pour peignoirs, et des turbans pour bonnets de coton; des mœurs rigoureuses; et des parfums délicieux.

> Les tailleurs ont toujours déguisé la nature :
> Ils sont trop charlatans; l'homme n'est point connu.
> L'habit change les mœurs ainsi que la figure :
> Pour juger d'un mortel, il faut le voir *tout nu*....
> *Educ. d'un Prince*, conte de VOLTAIRE.

Le grand Voltaire a raison : en quoi d'ailleurs cet esprit sublime s'est-il trompé ! morale, religion, philosophie, théâtre, sciences exactes, son vaste génie a tout embrassé avec succès ; et depuis la poésie badine jusqu'au poëme épique, il a vaincu tous ses rivaux en conquérant l'immortalité. Il a même parlé des *Bains de Paris,* ainsi que *Mercier.* Mais pour revenir au sens de notre quatrain, cet esprit pénétrant ne dit-il pas parfaitement juste, en avançant que

» Les tailleurs ont toujours déguisé la nature.

Que

» Pour juger d'un mortel il faut le voir tout nu. »

En effet, l'artifice de nos costumes, le coup de peigne d'un perruquier, les ciseaux d'un tailleur, répandent sur l'homme le plus biscornu un vernis si épais, que vous y chercheriez en vain quelquefois les sillons profonds de soixante bonnes années bien comptées. Il en est de même des femmes : mêmes enveloppes épaisses; une marchande de modes officieuse, avec ses *suppléans*, ses hanches, ses ventres postiches, son rouge, sa céruse, ses perruques blondes; le dentiste, avec ses rateliers à pivots d'or ; l'oculiste, avec ses yeux d'émail ; et enfin, tous les cosmétiques, tous les auxiliaires imaginés à grands frais, en Europe, en Asie, pour étayer la beauté chancelante sous le poids des ans, ne placent-ils pas sur nos yeux une espèce de bandeau que toute notre sagacité ne peut pénétrer?... Hélas ! combien d'amans aveugles, séduits dans un bal par les prestiges de la toilette d'une jeune personne, enivrés d'attraits factices, charmés par les mouvemens voluptueux d'une danse, décente et folâtre à la fois, ont couru en aveugles aux autels de l'hymen, persuadés de posséder une Vénus, une petite Flore, dans leur nouvelle conquête, et qui, (les imprudens!) n'ont reconnu leur fatale erreur, que lorsque la jeune personne, entièrement dépouillée de sa parure, la tête sur l'oreiller nuptial, et dans ce désordre, délicieux pour la vanité d'une jolie femme, terrible pour une beauté *menteuse*, leur présentait, dans toute leur horreur, ses étiques appas !... là, c'est une gorge couleur lie de vin, sillonnée de quelques cicatrices d'humeurs froides, dont la jeune personne aura été affectée dans son enfance ; puis, sur certaine partie du corps, une esquisse informe de petit animal (envie de grossesse de sa mère) ; ici, des odeurs puantes, des vices ridicules, une hernie occulte, des taches bizarres, des pieds tout osseux, des durillons, des cors, des ognons ; c'est enfin un jardin potager au grand complet. Sa chevelure blonde, qui paraissait briller au bal, d'un si charmant éclat ; ces belles tresses, qui se mariaient si voluptueusement avec les lis de son cou et de son sein... tout cela est sur le mémoire du parfumeur et du coiffeur : ses cheveux naturels sont noirs, durs, rétifs et ternes ; cette taille adorable, dont la flexibilité, en balançant ou en faisant *la queue-du-chat*, laissait présager les plus délicieux contours, n'est qu'un corps sec, jaune, revêtu d'une peau grenue, et que la finesse seule des étoffes et le jeu des lumières rendaient si brillante.

Voilà trop souvent, pauvres amans, le tombeau funeste de vos illusions. Mais une fois que vous y êtes tombés, avec tout le poids énorme du mariage, il n'est plus temps de se dégager du trébuchet ; un bon contrat a rivé vos chaînes : chacun vous félicite du *trésor* que vous possédez ; les jeunes gens vantent votre bonheur, envient votre position, détaillent, avec le feu du désir, les attraits de votre épouse.... Hélas! vous dites-vous, tout bas : plaise à Dieu que ces imprudens ne soyent pas pris à un pareil piége! S'ils voyaient *sous le linge*, et dans toutes les familiarités de l'alcove, cette beauté si éclatante, il n'y a pas de doute qu'ils s'écrieraient de suite avec toute la violence des regrets : « fatale erreur ! » funeste enivrement ! pourquoi n'é-

» pouse-t-on pas, en France, une femme,
» comme on achète une belle esclave aux
» bazars d'Alexandrie? au moins aucun
» voile imposteur n'y vient fasciner vos
» sens et vos yeux; et, en termes vul-
» gaires, vous n'achetez pas là, comme
» on dit, *chat en poche !* »

A Paris, le mariage est pour l'homme l'urne du sort ; et les licences légitimes du lit peuvent seules lui donner le mot de l'énigme de l'hymen : c'est là que

....
» Le prestige s'évanouit,
» Le masque tombe *et notre femme reste.*

Ces légères digressions philosophiques, qui ne laissent pas de renfermer des avis précieux à la jeunesse aveuglée par les prestiges de l'art, nous ont un peu écarté de notre but principal, *le Bain;* rentrons-y pour ne plus en sortir, d'autant plus que ceux où je vais conduire mes chers lecteurs, sont ce qu'il y a peut-être de plus délicieux dans la cathégorie des jouissances à l'*eau tiède*.

Les Bains turcs, monument hydraulique vraiment magique, situés rue du Temple, peu éloignés du boulevard de ce nom, n'étaient autrefois qu'un amas incohérent de corridors, de petites chambres obscures disposées sans goût, où l'homme allait se mettre dans une baignoire, aussi platement qu'un canard se jette dans l'eau verte et croupie d'une marre de village : nos bons aïeux, tant vantés, n'en savaient pas plus. Ma grand'mère, elle-même, qui vient d'atteindre sa 84me année, m'assure en ce moment où j'écris sur ce sujet, qu'elle est parvenue jusqu'à l'âge de 50 ans, sans prendre un bain : c'était un péché; comme encore, en Espagne, l'usage d'un petit espiègle à quatre pattes qu'on appelle vulgairement *bidet*, et qui voyage maintenant à grandes journées dans toute l'Europe. Dans le *bon vieux temps* on n'en savait pas plus long; on se baignait chez soi dans un cuvier, les petits enfans dans un seau de faïence, et les jeunes personnes dans la moitié d'un vaste tonneau scié en deux et recouvert d'un drap. Dans les petites villes, une demoiselle empruntait le pétrin d'un boulanger: n'était-ce pas en quelque sorte pour elle *le lit de Procuste?*.. (1) Etendue dans ce galant hamac comme dans un triste cercueil, elle passait une petite heure dans l'eau bouillante, comme une sauvage dans une sorte de tronc d'arbre creusé. C'était alors le *nec plus ultrà* du luxe des thermes parisiens. Dans les grandes maisons, à la vérité, on voyait parfois une baignoire; mais en général, ce n'était que chez les femmes entretenues, qui poussaient l'*audace* jusqu'à se baigner dans du lait parfumé à l'essence de

---

(1) Procuste était un brigand qui ravageait la Grèce, et que Thésée tua. Ce monstre avait imaginé un lit en fer; il y faisait coucher ses victimes, et il sciait barbarement tout ce qui passait des jambes hors de la longueur de ce lit.

rose. Aujourd'hui l'usage du bain est devenu aussi commun que celui de la demi-tasse de café. La galanterie d'ailleurs en a composé une de ses ruses les plus favorables. Désaugiers le chante dans ce fragment de son TABLEAU DE PARIS :

. . . .
Le malade sonne,
Afin qu'on lui donne
La drogue qu'ordonne
Son vieux médecin ;
Tandis que sa belle
Que l'Amour appelle
Au plaisir fidèle
Feint d'aller au bain.

Une femme va au bain, par ton, par propreté, par oisiveté, par désœuvrement, par volupté, et surtout par amour. Vous voyez nos charmantes dédaigneuses, une gibecière brodée en perles à la main, suivies d'une femme-de-chambre qui porte les heureuses serviettes, arriver par compagnies pour se parfumer le corps, pour se raffraîchir les sens, soit des fatigues d'un bal, soit de celles de *certaines* insomnies auxquelles le bain ne manque jamais d'apporter un baume réparateur. *Les fins de mois,* pour le beau-sexe, portent aussi l'affluence aux bains. Victimes encore sanglantes d'une petite indisposition honteuse, il faut, dans une onde régénératrice, en effacer jusqu'aux plus légères taches : le temple des amours, pendant quelques jours en deuil et couvert d'un crêpe écarlate, reprend tout-à-coup sa fraîcheur et sa sérénité ; le bain, dans ce cas, devient son meilleur ami ; il veut un déluge d'eau ; et tel qu'un cygne, battu par l'orage, au retour du soleil redresse son cou éclatant de blancheur, de même une jeune beauté, sous le miroir transparent d'une onde tiède et embaumée d'eau de Cologne, voit sa peau, ses roses et ses lys, reprendre insensiblement tout leur éclat. La chaleur bienfaisante de l'élément chauffé à un degré raisonnable, pénétrant par tous les pores, rend aux chairs leur première beauté et leur élasticité ; c'est comme une huile balsamique qui s'étend sur tous les ressorts physiques et moraux du corps humain. Le teint d'une jeune vierge en acquiert surtout un coloris si brillant, que même la suavité d'une rose ne pourrait lui être comparée : l'eau coule, tombe en perles sur son sein d'albâtre que les vagues de la baignoire se plaisent à baiser d'un flot caressant. La friponne se joue, se plaît dans ces jeux hydrauliques ; elle aime à composer sur les degrés de ses charmes, de ses épaules, de sa gorge rebondie, une espèce de cascade argentine : d'abord l'eau recueillie dans le creux de sa petite main, répandue sur ses épaules, tombe en ricochets limpides sur ses contours amoureux ; puis s'étendant en nappes mobiles sur les formes de son beau corps, elle finit par s'égarer et se

perdre dans les plus délicieux détroits.....
Ce n'est pas tout : plus d'une aimable
folle (il faut le dire) se complaît dans
un autre amusement fort comique : son
grand plaisir est de produire, quelquefois certaines petites ébullitions
sur la surface de l'eau : la petite mal-
propre ! l'onde bouillonne, et le gaz
peu odorant s'échappe du sein de la
baignoire qui le tenait captif; on conçoit sans grande pénétration que ce
badinage n'est pas sans *fondement.*

Les Bains turcs, comme tous les autres, sont soumis à ces folies enfantines.
La baignoire est partout un esclave do-
cile qui reçoit, sans jamais se plaindre,
tous les genres d'impuretés: jeunes, vieux,
belles, laides, ministres, ducs, com-
tesses, bourgeoises, marquises ou grisettes, nobles ou roturiers; tout est
reçu, dans le bain, sur le pied d'une
égalité parfaite: l'homme est là ce qu'il
est au cercueil. Quelques coups d'épon-

ges donnés par le garçon, d'un bras vigoureux, et ces petits trônes de Neptune peuvent recevoir de suite d'autres acteurs. Ainsi le derrière étique d'une vieille baronne à seize quartiers, succède immédiatement aux formes grassouillettes d'un tendron de quinze ans; ainsi un vieux podagre cassé par les ans, n'offrant plus sous un front chauve et épilé, qu'un squelette hideux, un assemblage fragile d'ossemens desséchés et entortillés de ouate et de flanelle, vient étendre douloureusement ses menbres défigurés dans la même baignoire, où naguères un beau jouvenceau, au menton rosé, aux favoris d'ébène, à la poitrine large et blanche, à la cuisse ronde et ferme, venait de se délasser de ses galantes prouesses avec une maîtresse qui avait abusé de sa jeune ardeur. N'est-ce pas ici le tableau fidèle de ce monde? nous brillons un instant à notre aurore; puis, pâles et décolorés à notre couchant, nous cédons à d'autres générations la vanité bien passagère d'un rôle plus passager encore !..

Mais, nous le répétons, si quelque brillante invention, délicieuse dans ses ingénieuses recherches, est faite pour semer, sur le voyage rapide de l'existence, quelques fleurs d'un aimable parfum, ce sont, sans contredit, les Bains turcs dont nous allons faire une courte description. Car, qu'on ne s'attende pas ici à nous voir donner simplement dans le genre descriptif; même en très-beaux vers souvent il ennuie : de l'action, de la folie, des aventures piquantes sans gravelures, des observations de mœurs sans causticité : tel est notre plan. Nous décrirons bien aussi quelquefois ; mais ces descriptions se lieront toujours à la marche de l'action, et l'orneront sans la retarder.

Figurez vous bien, lecteur qui ne connaissez pas encore ces précieux thermes,

que les mœurs musulmanes y sont, en
quelque sorte, complétement observées,
et que dans ces lieux on remarque que les
moindres ustensiles ont la forme et le
genre asiatique. D'ailleurs, l'entrée, le
péristile du temple, les peintures, les
attributs emblématiques du *Croissant*,
les instrumens de musique de Constantinople, les allégories religieuses du
grand législateur Mahomet, de cet audacieux charlatan, qui, de simple marchand de chameaux, se fit le pontife et
le roi de nations crédules, sont partout
épars dans cette mosquée parisienne:
des hiéroglyphes même présentent au
chapiteau de maintes colonnes des de-
vises, il est vrai, inintelligibles pour nos
jolies élégantes; mais en les traduisant on
voit que toutes elles parlent du génie de
Mahomet, de ses maximes, de son para-
dis de houris; qu'elles promettent le
bonheur au sein de la volupté, et qu'enfin elles recommandent les ablutions du

bain, comme les premières bases de la religion mahométane.

Vous, Parisiens, honnêtes badauds, qui allez en pélerinage à ce temple, avec un cachet de trente sous, seriez-vous, sans vous en douter, des apostats, quand vous vous y baignez? Il est vrai que vous n'avez pas passé par le fer mutilateur de la circoncision ; que vous avez encore tous vos cheveux, et non une simple tresse sur le sommet de la tête, afin que le grand prophète (*l'étoile du firmament*), puisse vous enlever plus facilement du fond de vos cercueils au séjour d'Épicure ; qu'aucun eunuque à visage africain, n'y tient les femmes dans une servitude polygame.... mais, ma foi, à tout cela près, vous devenez Turcs dans ces baignoires où tous les parfums les plus exquis de l'Arabie, vous sont prodigués sur des cassolettes qui répandent dans l'air une odeur ravissante. Rien n'égale la blancheur éblouissante du linge : les femmes y trouvent toutes les essences les plus recherchées qu'Athènes, du temps de sa splendeur, a inventées pour conserver ou augmenter la beauté. Telle est la *crème virginale d'Aspasie*, *l'eau des Odalisques*, *l'huile de rose de Sybaris*, et la *peau artificielle* d'une des plus belles courtisanes de Lucullus, lorsque, saturé de conquêtes et de lauriers, il vint se retirer à Baya, près de Naples, et y rendre son luxe immortel. Cette peau, de la plus grande finesse, et qui prend tout le corps, est enduite en dedans d'une pâte onctueuse : vous vous en revêtez dans le bain ; la pâte venant à se dilater, communique à la peau, aux couleurs du visage, le plus doux éclat ; les esprits aromatiques qui s'en échappent, pénètrent aussi bientôt dans les nerfs, dans les muscles, dans le cœur et surtout dans le cerveau, et vous causent, par leur enivrement, des sortes d'extases, des délires délicieux qui font oublier entièrement les vérités trop pénibles de ce monde, pour vous balancer quelque temps dans un océan d'illusions enchanteresses; bref, c'est l'opium des Turcs, ou bien encore le bétel des Mogols, qui sont dans l'usage de puiser, dans ces sortes d'ivresse, tous les écarts d'une imagination voluptueusement électrisée.

On peut bien s'imaginer qu'aux BAINS TURCS, une musique harmonieuse et douce, adroitement masquée, ajoute aux plaisirs que j'ai décrits : cette musique exécute une walse, une contredanse, une nocturne, une tendre romance, souvent au moment même, où, plongée dans une aimable rêverie, une femme s'abandonne aux délices de sa position : il lui manque sans doute quelque chose; mais combien le rêve de la volupté a de charmes !... Qu'une main s'égare, qu'un portrait chéri soit sous ses yeux languissans, et l'illusion sera complète!

Sexe charmant, si je décèle
Votre cœur en proie au désir,
Souvent à l'amour infidèle,
Mais toujours fidèle au plaisir;
D'un badinage, ô mes déesses !
Ne cherchez point à vous venger :
Tel glose, hélas! sur vos faiblesses,
Qui brûle de les partager !

Par certain art qu'on nomme la science de l'Acoustique, c'est-à-dire celle des sons, des répercussions, ainsi que la combinaison des échos, par le moyen des métaux ou des corps qui conduisent la voix à de grandes distances, une baigneuse aux Bains Turcs n'a pas besoin d'agiter à chaque instant une sonnette, pour avoir des serviettes chaudes, du sirop de poulet, un flacon de Constance avec des biscuits ambrés ; il lui suffit de parler aux têtes de cygne en argent, qui versent l'eau dans sa baignoire ; sa demande arrive à l'office sur l'aile de ces tuyaux mystérieux, et le service vermeil et en cristal, porté par un petit amour qui s'élance d'une partie du cabinet, se présente par l'effet d'une ingénieuse mécanique; et par la même communication d'acoustique, la collation s'en retourne comme par enchantement. Ce genre de bains, qui est le plus cher de l'établissement, ne coûte cependant qu'un louis. On peut donc s'y transporter dans le pays des chimères à très-peu de frais. Cependant, si une femme a besoin du service d'une soubrette pour son corset et autres détails de sa toilette, elle le dit au truchement invisible, et alors elle a à qui parler. Un lit moëlleux, des carreaux somptueux à la musulmane, des sophas élastiques, des simarres même, et des *mosqueteros* (1) dans l'été, vous défendent de la piqûre du plus petit insecte; après la jouissance du bain, du restaurant, vous pouvez donc goûter celle d'un paisible sommeil,

---

(1) Filets de soie, en usage en Espagne, qu'on tend au-dessus d'un sopha comme un vaste rideau, afin de se garantir de la piqûre des mouches.

et respirer, en quelque sorte, dans ce repos enchanteur, tous les bienfaits d'une nouvelle vie : heureux songe, que ne durez vous toujours ! Cher lecteur ne conviendrez-vous pas maintenant avec moi :

Que ce Paris moderne est un pays charmant !...
Les plus rares tributs de la terre et de l'onde
A l'envi sont offerts à l'heureux opulent.
Ressent-il le désir de parcourir le monde ?
Son cocher, géographe, en trois coups de fouet,
Du Mogol à Sardis, de Sardis au Thibet,
Lui fera contempler l'univers en peinture.
Dans un *panorama*, dort toute la nature.
Rome, Londres, Madrid, sur la toile imités,
Au spectateur, surpris de ces savans prestiges,
Sur un seul boulevard, côte-à-côte logés,
Etalent pour deux francs leurs commodes prodiges.
Celui-ci reconnaît son toit hospitalier :
C'est là ma promenade, et voici mon quartier.
Mais, les sens échauffés, et las de son voyage,
Ce Crésus assoupi, de la fraîcheur du bain
Désire le bienfait... Bientôt son équipage
Dans un brillant fracas est arrivé soudain.
Quel art ingénieux dans cette autre Turquie
A si bien importé les baumes de l'Asie ?..
Quel spectacle magique !... on croirait d'un sérail
Savourer en Sultan l'amoureux attirail.
Vous avez, pour peu d'or, le BAIN A L'ACOUSTIQUE ; (1)

---

(1). Science et théorie des sons. — Aux *Bains Turcs*,

Non, d'honneur, il n'est rien de plus drôle en physique!
Puis, de *Vénus pudique*, un marbre éblouissant
Des amours d'Adonis rappèle le roman.
Un bel *Antinoüs*... (d'en rire que je veuille!)
Fait trembler une Agnès *à l'aspect d'une feuille.*
Partout vous respirez une suave odeur ;
La myrrhe se consume en vapeurs fugitives.
D'une *Suzanne au bain* les nudités furtives
Centuplent à vos yeux le prix de la pudeur.
Du péron au jardin la descente fleurie
Par des détours piquans mène à la Rêverie, (1)
Bosquet mystérieux, rendez-vous des amans,
Témoin de leurs baisers, de leurs légers sermens !..
La route du Retour (2) de pavots est semée;
Puis dans l'isolement l'autel de l'Hyménée.....
Tout enfin y ravit l'imagination ;
Mais pour des hommes *turcs*, on n'en voit que le nom.

J'ai dit que l'Amour, mais seulement l'*amour automate*, s'introduisait dans la cellule d'une jeune beauté, et la servait d'une main respectueuse et d'une bouche muette ; ce fripon ne s'accom-

---

on y est servi au moyen de tuyaux invisibles et conducteurs de la voix, et de jolis automates mythologiques vous apportent ce que vous avez demandé.

(1) La Rêverie : bosquet ainsi nommé dans le jardin de ces bains.

(2) La Route du Retour : allée sablée qui y porte ce nom allégorique.

mode pas long-temps de ce vain simulacre ; aussi fait-il ses fredaines aux Bains Turcs, comme partout ailleurs; et sous des habits féminins, à l'aide du passe-port d'un minois hermaphrodite, dans un cabinet à deux baignoires jumelles.... Mais chut! n'en disons pas davantage; il ne faut nuire à personne. Et si le petit vaurien lance quelquefois ses traits de feu dans une couche humide, cela ne nous regarde pas ; nous nous en lavons les mains.

Contons plutôt une petite aventure appartenant à ces bains, et dans laquelle la légèreté du sujet ne marche jamais aux dépens des convenances.

ANECDOTE GALANTE ARRIVÉE AUX BAINS TURCS,

OU LA PRÉCAUTION QUI N'EST PAS INUTILE.

AVIS AUX BAIGNEUSES.

« La mère en pourra permettre la lecture à sa fille. »

Le chevalier de Verseuil était bien le plus joli Faublas que Rouen eût jamais vu naître. Possesseur de 25,000 livres de rente, il part pour Paris, avec une expérience solide de dix-huit ans et un fonds inépuisable de folie. Son menton légèrement revêtu d'un duvet cotonneux, ses joues de pêche eussent laissé douter de son sexe dans l'esprit de la femme la moins novice, si la chaleur de son imagination et un peu aussi de ses baisers audacieux n'eussent fait reconnaître de suite en lui le plus aimable des vauriens, le plus beau des adolescens. De l'esprit sans projets, des étincelles, des saillies sans prétentions, de la malice sans méchanceté, de la beauté sans afféterie et de l'instruction sans orgueil; tel était Verseuil. Toujours approvisionné en bouquets, en fleurs, en romances, en pastilles; les poches pleines d'or, il répandait en tous lieux son ambre, ses bons-mots, sa gaîté, et sa bonbonnière. La même profusion envers les malheureux : s'il ne liardait pas avec la galanterie, jamais aussi il ne comptait avec l'infortune. Assemblage étonnant d'étourderie et de vertus, de légèreté et de profondeur, un bon mentor l'eût sans doute replacé dans le chemin de la vertu; mais libre et riche, la volupté vint l'assaillir, et prit, d'abord, pour s'en emparer, le minois de la plus jolie actrice du Vaudeville. Les coulisses eurent donc les prémices de Verseuil : cet autel d'hyménée n'est, certes, pas très-digne d'un homme délicat; mais, notre héros-papillon, enlevé rapidement chaque jour dans un brillant *Tilbury* pouvait-il réfléchir ?... La raison, dans sa position, eût été une espèce de ridicule, et c'est la flétrissure que les gens du bel air, à Paris, redoutent le plus.

Jenny, sa petite nymphe de la cour de Thalie, le lassa bientôt; les plaisirs du vice gagé ressemblent un peu aux étincelles du phosphore, qui brillent un instant, mais ne chauffent jamais. Si ses sens, seuls un moment séduits, avaient été occupés, son cœur était resté dans un désert, au milieu de ce vain bruit de voluptés artificielles. Son or était épuisé sans qu'il eût encore su porter à ses lèvres la véritable coupe du plaisir. Cette coupe si rare, on ne l'ignore pas, est posée sur l'autel de l'innocence : la pudeur, la délicatesse, la vertu, son cortége fidèle, la prennent sous leur garde tutélaire. Verseuil pouvait-il raisonnablement rencontrer cette coupe pur et sacrée, dans des coulisses ?...,

Il courut donc à de nouvelles galanteries.

Nous ferons reparaître plus tard cette Jenny vindicative, jalouse sans amour, et qui avait résolu en secret de se venger de son infidèle.

Las du vain simulacre de l'amour, après beaucoup d'essais peu heureux, Verseuil trouve enfin la plus piquante veuve que jamais les couleurs du deuil aient ornée de leurs crêpes intéressans. Amélie de Blainville était son nom. Son époux, colonel d'infanterie, tué à Lutzen, la laissait maîtresse absolue d'une grande fortune, mais dans un monde dangereux. A l'âge de vingt-un ans, mariée à seize, le flambeau d'hymen avait donc brûlé pour elle à peine pendant l'espace d'un lustre ; encore les lois de l'honneur, en fixant son mari sous les drapeaux de son régiment, avaient-elles pris sur ce temps, au moins les deux tiers en absence. Verseuil sortait d'un tumultueux déjeuner de garçon, lorsqu'il la vit, pour la première fois, au passage Delorme. Son âme, naturellement délicate, commençait à trouver pesante la chaîne des plaisirs que le vice ornait en vain de fleurs. Doué de trop de sagacité pour se complaire dans une immoralité scandaleuse, son cœur réclamait avidement des jouissances plus dignes de lui. Il n'est donc pas étonnant que, quand il aperçut Amélie, sa tournure noble et décente, son profil majestueux et ses grands yeux à demi-voilés par les plus belles paupières, il conçut une vive passion, que les romanciers se plaisent à appeler l'*amour du Destin*. La suivre, savoir qu'elle demeure rue Lepelletier, qu'elle est veuve et maîtresse d'elle-même; concevoir le plan de l'adorer, de lui consacrer sa vie, fut l'affaire d'un moment : l'amour a des ailes rapides dans ses projets. Cependant il ne s'agissait pas ici d'employer ces procédés vulgaires et peu délicats qui ne peuvent que tourner au désavantage du maladroit qui s'en sert, en faisant, pour première bévue, évanouir l'estime, seule bâse des inclinations durables : Verseuil avait trop d'esprit pour faire cette école ; la délicatesse, d'ailleurs, s'est glissée dans son âme, et dirige toutes ses actions : par l'effet de sa subite conversion, il a divorcé avec tous ses amis de table... Loin de se livrer, comme avant, à une bachique gastronomie, Verseuil ne vit plus que des vapeurs du sentiment. Ce régime platonique peut avoir ses détracteurs; mais ne sait-on pas que ce fripon d'Amour ressemble quelquefois au charmant colibri d'Amérique, qui n'existe que de fleurs et des perles de la rosée?..

Verseuil s'était logé dans l'hôtel même de la belle Amélie; mais par une malice insigne, il s'y était établi sous des habits féminins et sous le nom de madame *Florigny* également veuve. Une femme-de-chambre d'un certain âge et un jockei composaient son domestique. Quel était le but de notre petit scélérat? D'amener, au moyen de cette lugubre conformité de veuvage, de costumes, des rapports, des liaisons de veuve à veuve, et enfin d'ariver à la tendresse par le chemin des doux épanchemens. En effet Verseuil avait plu; son air décent, ses politesses d'officieuse voisine, l'adresse de maintes petites ruses ingénieusement employées, avaient réussi, et ces deux *tendres amies*, livrées mutuellement à toutes les familiarités du sexe, présentaient l'aimable spectacle de la plus douce union. Confidences, petits mystères si gentils entre femmes, conversations intimes, embrassemens pleins d'innocence d'un côté, d'amour de l'autre, ajoutaient chaque jour à la vivacité de ce singulier commerce. Verseuil était heureux au sein des plus délicieuses fourberies, et s'il ne laissait pas de souffrir par fois, c'était de se voir forcé de mettre un frein à ses indiscrets transports. Plus d'une fois il s'était trouvé fort embarrassé; un aide-de-camp du ministre, ancien camarade de l'époux d'Amélie, venait quelquefois les voir. Ce jeune cavalier s'était pris de belle passion pour Verseuil, et l'importunité de son amour, de ses pressions de mains furtives, de ses *poulets* musqués, jetaient notre prétendue veuve déguisée dans une gêne insupportable, et d'autant plus grande, qu'Amélie paraissait protéger cette inclination, et lui avait quelquefois conseillé de céder aux vœux honnêtes de cet aide-de-camp. A ces insinuations, on peut bien penser que les regrets, les pleurs de Verseuil venaient à couler de nouveau, sur la mémoire d'un époux adoré, qui, s'écriait-elle dans ses feintes larmes, n'aurait jamais de successeur. Amélie alors n'insistait plus, et leurs liaisons d'amitié reprenaient leur douceur accoutumée. Les choses en étaient dans cet état, quand, un matin, Madame de Blainville propose à notre fripon d'aller aux *Bains-Turcs*, dont le bain à l'*acoustique* faisait tant de bruit. Il faut voir cela, dit-elle ; les convenances de notre situation ne nous interdisent pas ce plaisir innocent : nous prendrons un cabinet à deux baignoires. On peut juger de la joie de Verseuil ; il avait peine à contenir ses transports secrets. Les chevaux sont mis à la voiture ; la femme-de-chambre d'Amélie accompagne ces dames ; Verseuil est couvert d'un grand cachemire noir ; et enfin, le voilà dans le sanctuaire sacré de la volupté, avec une jeune beauté sans voiles, qui se confie toute entière à son imposture, et se dépouille devant *son amie* de la fine et *dernière* batiste qui cachait un corps d'albâtre.... Pour Verseuil, plus pudibond, il s'enveloppe d'un vaste peignoir, et, malgré les petites railleries d'Amélie, qui le badine sur des scrupules si puériles, il se barricade, pour ainsi dire, dans de triples draperies; l'onde, le linge ne lui paraissent pas un refuge assez sûr; il tire les rideaux, et se dérobe, en quelque sorte, d'avance à des agaceries qui ne lui permettront plus de garder une vertu au-dessus des forces humaines. Est-il nécessaire de dire combien sa passion s'accrut dans ce tête-à-tête familier ! La pudeur me force d'épaissir les gazes, mais l'imagination de mon lecteur les déchire toutes...

Amélie était ravissante, et son entier abandon ajoutait encore à tant de charmes. Bref, l'un et l'autre jouissent de tout le plaisir, de tout le mécanisme du bain à l'acoustique. Verseuil, seul, est distrait, préoccupé; son beau visage se couvre d'un incarnat qui décèle la plus vive agitation : Amélie attribue cette agitation aux sons d'une guitare qu'on entend dans le voisinage; une belle voix a retenti dans les échos du bâtiment sonore; la belle Amélie et Verseuil ont parfaitement distingué ces vers, adressés par un autre Phanor à une autre Athanaïs:

Heureux cent fois le jour, la saison et l'année,
Et l'heure et le moment, et les prés et les bois,
Où, conduit par l'Amour, ou par ma destinée,
Je vis tes yeux charmans pour la première fois.

Soient bénis mille fois et ma flamme timide,
Et le nœud dont Amour a tissu mon bonheur,
Et ma blessure heureuse, et la flèche rapide
Qui toujours plus avant pénètre dans mon cœur!

Que bénis soient encor les lis de ton visage,
Et ta bouche vermeille où respire l'amour,
Et ta voix si touchante, et ta brûlant image
Qui fixa dans mon sein son éternel séjour!

C'est indubitablement la voix de l'aide-de-camp amoureux, qui, sensible troubadour, soupire pour les attraits de Verseuil, qui ne peut s'empêcher de sourire des poursuites et de l'erreur de cet amant abusé. Amélie se plaît à son tour à le traiter de *cruelle*; mais le plaintif troubadour qui, en effet, avait épié ces dames, était entré au bain, du côté des hommes, ayant cessé ses chants langoureux. Amélie, devenue enjouée et folâtre, après quelques réflexions sur l'aide-de-camp sentimental, s'était élancée de sa baignoire, telle que Vénus sortit du sein des eaux. Dans sa folie enfantine, elle s'amuse à jeter quelques gouttes d'eau à la figure de son amie; elle se permet mille autres jeux badins, et le danger redouble.... Aucune puissance humaine ne paraît pouvoir retarder la plus périlleuse des découvertes, quand un bruit affreux se fait entendre dans les corridors... Qu'est-ce enfin ?... Le lecteur se rappellera cette Jenny rancuneuse, qui n'avait pas pardonné à Verseuil son inconstance; c'était elle-même. Instruite du déguisement de son infidèle, elle ne l'avait jamais perdu de vue, et, possédée de toutes les fureurs de la jalousie, elle avait saisi cette occa-

sion pour l'éclat le plus scandaleux, le plus bizarre peut-être qui se soit jamais passé dans les bains de Paris. « C'est donc
» vous, monstre, s'écrie-t-elle en entrant
» dans le cabinet de ces dames, qui in-
» sultez à ce point à mon amour, et m'a-
» bandonnez pour une intrigante, qui
» affecte de méconnaître votre sexe pour
» conserver les dehors de sa fausse vertu,
» et étendre en même temps un voile sur
» ses plaisirs scandaleux !... Mais n'espé-
» rez pas vous jouer tous deux impuné-
» ment de mon infortune et de ma sen-
» sibilité... Je poignarderais à cette heure
» même ma cruelle rivale, plutôt que de
» lui accorder un triomphe aussi dou-
» loureux !... » Après ces mots, proférés avec fureur, Jenny, passant de suite à une extrême sensibilité, et versant un torrent de larmes, se précipite sur le sein de Verseuil, le presse dans ses bras, le couvre de baisers... — Qu'on juge de l'étonnement d'Amélie !... Le désordre

causé par Jenny dans la baignoire de Verseuil a levé assez de voiles... Madame de Blainville se jette sur ses vêtemens, s'essuie, s'habille à la hâte, et laisse les deux autres acteurs de la scène dans une égale confusion. Bientôt Verseuil, reprenant ses esprits, a ordonné aux femmes de service de ne pas ébruiter cette aventure dans les Bains; il calme Jenny, lui fait le sacrifice de quelques nuits, et, toujours épris plus que jamais des charmes d'Amélie, il retourne près d'elle, se justifie sur l'excès de sa passion, et parvient facilement à changer dans l'esprit de sa belle maîtresse, des sentimens qui cherchaient eux-mêmes à subir la plus douce métamorphose, mais qu'une douce hypocrisie empêchait d'éclore :

> Quelquefois au feu qui la charme
> Résiste une jeune beauté,
> Et contre elle-même elle s'arme
> D'une pénible fermeté.
> Hélas! cette contrainte extrême

> La prive du vice qu'elle aime
> Pour fuir la honte qu'elle hait :
> Sa sévérité n'est qu'un faste,
> Et l'honneur de passer pour chaste
> La résout à l'être en effet.

L'aide-de-camp amoureux arriva précisément au moment où Verseuil déclarait sa fortune et ses projets d'union à Madame de Blainville ; il le surprit à ses genoux et lui baisant la main ; le masque était tombé. Le plus pénible de l'histoire pour notre malencontreux militaire, c'est qu'il avait passé trois longs jours et une partie des nuits à composer une nouvelle romance pour sa *cruelle* ; il en avait fait lui-même la musique, il la tenait dans sa poche ; et c'est au moment qu'il se proposait d'en faire hommage qu'il reconnaît un jeune homme dans l'objet chimérique de ses amours !.. Il fallut bien s'en consoler. Une sœur de Verseuil lui fit retrouver, à Rouen, où il fut l'un des témoins des noces de son ami, la réalité de ses illusions ;

il l'épousa, et deux hymens firent quatre heureux. C'est dans le bain que ces amours prirent naissance. Avis aux baigneuses qui se confient trop imprudemment à des *joues veloutées*. En prenant désormais leurs mesures, elles conviendront avec nous que,

« La précaution n'est pas une chose inutile. »

DIXIÈME TABLEAU.

BAINS MONTESQUIEU,
RUE MONTESQUIEU.

Jardin élégant ; compagnie choisie. — Baigneuses de bon ton ; luxe recherché et soins pleins de délicatesse ; des parfums exquis, et des tasses de chocolat comme s'il en pleuvait.

> » Si l'Amour avait été chargé de choisir un trône
> » à la volupté, il ne l'eût pas placée sur un lit
> » de roses, portant à ses lèvres une coupe
> » d'ambroisie ; mais il l'eût mollement étendue
> » dans une chaude baignoire, savourant avec
> » une croûte au pot, le nectar pectoral d'un
> » bienfaisant Mâcon. «
>
> APHORISME D'HYPPOCRATE, *Chapitre des Bains de fauteuil, paragraphe des fumigations, sect. peignoirs.*

Ma foi, vive Paris ! vive mille fois Paris ! c'est-à-dire, quand on a de l'argent ! Tous les genres de volupté, de bonheur, de délices, accourent en foule au-devant de votre bourse; mais soyez leste à en délier les cordons, car sans cela, cette même volupté, au sourire enchanteur, vous fera tout de suite la moue, et ira, d'un pied inconstant, offrir ses faveurs à ceux qui tiennent la clef du temple des plaisirs. Sachez, cher lecteur, que, comme celle d'un chambellan au cabinet d'une majesté, *cette clef est d'or*: nous n'apprenons rien de nouveau ici, me direz-vous ; eh bien, procurez-vous cette clef magique, et vous pourrez entrer dans tous les Bains dont je vais esquisser quelques traits.

Les Bains Montesquieu, rue de même nom, près le Palais-Royal, sont sans contredit un des établissemens hydrauliques les plus distingués de la capitale. Cellules fraîches et parfumées, escalier à prestiges, jardin à effets pittoresques ; amour, volupté, mystère, sévérité de mœurs, et décence ; convenances soigneusement observées, et vermicelle au gras; des persiennes, des rideaux épais du côté des baignoires des femmes; les hommes mis soigneusement à part comme des singes malfaisans; de l'opulence, des peintures mythologiques et de la gelée de bouillon au caramel; du linge magnifique et des lits moëlleux : tel est, en analyse rapide, le dessin de ce précieux établissement. Aussi les baignoires n'y vident pas; et les cascades de la fontaine des Innocens n'ont pas plus d'activité que les eaux de ces heureux thermes. Deux bureaux de caisse, à droite et à gauche, à l'entrée de ce petit temple d'Esculape, indiquant le *sexe* des baignoires, vous offrent ces deux sentences terribles, peintes en lettres d'or et sans faute d'orthographe (ce qui est très-fort pour un peintre d'enseignes) : CÔTÉ DES HOMMES, puis, CÔTÉ DES DAMES. On ne peut s'empêcher ici de remarquer la politesse de l'artiste; car, puisqu'il se permet de dire *des hommes*, pourquoi ne dit-il pas aussi *des femmes*; mais c'est un garçon qui avait infiniment d'éducation dans le coup de pinceau. Vous montez quelques marches d'un péristile élégant et même semi-magique, par les effets de la galerie aérienne qui sépare barbarement les deux sexes, et, parcourant ensuite quelques corridors, vous vous livrez aux soins actifs des garçons. Aucun tableau ne peut être plus nouveau que celui que vous avez sous les yeux; vous pourriez même, connaissant un peu la science des inductions, supputer les événemens et la vie des baigneurs qui vous entourent par le service du restaurant: là, un jeune homme, exténué par maints excès, demande une gélatine aux truffes et du Bordeaux cuit; ici, un joueur, accablé de la fatigue de ses veilles, désire du sirop des quatre semences froides; ce vieillard se fait macérer avec des huiles balsamiques; ce journaliste, envieux, plein de rage et, de fiel, veut du petit-lait, pour calmer sa bile enflammée à l'aspect des succès d'autrui ; ce beau danseur sonne pour son sirop réparateur ; un pulmonique appelle pour ses pillules pectorales; un sybarite crie pour avoir des *clous odorans*, et un lit parfumé à la Marie-Stuart; les réchauds enflammés, les cabarets de porcelaine, les serviettes vont et viennent sans cesse; les sonnettes font un carillon d'enfer; quelquefois, du sein de cette divertissante activité, vous entendez partir une voix flûtée, qui s'élance du *côté des Dames* : ce sera Zélis, ou la belle Cora, qui demande à la fille une serviette chaude de plus, et une éponge *concave*... Le pouls vous bat, le cœur vous palpite : une éponge concave! vous dites-vous ; dieux ! Zélis ! odieuses barrières des convenances ! mais les mœurs avant tout. Enfin, votre numéro de carte est appelé, vous quittez le banc de velours sur lequel vous étiez assis, en attendant votre tour, et vous entrez dans votre cabinet : pendant que vous vous dépouillez de vos vêtemens, le garçon apporte tire-bottes, liége, *et cætera pantouffles*, et, lâchant à la fois deux robinets d'eaux vierges, après avoir épongé la baignoire, il vous indique la sonnette et vous abandonne à toutes les douceurs du bain. C'est alors que Zélis revient réfléchir ses traits charmans dans les eaux diaphanes de votre baignoire : vous vous rappelez même l'avoir aperçue, sortant d'un vis-à-vis citron, posant son petit pied sur le seuil du temple : Zélis, vous vous le rappelez encore, avait une robe à la lyre et à dos plein, une capote *à l'Ipsilanti*, et sa femme-de-chambre portait un petit paquet de linge... Tous ces objets enchanteurs enflamment votre imagination, et vous vous repaissez de mille tableaux ravissans, lorsqu'un artiste pédicure, vous tirant trivialement de cette amoureuse léthargie, vient frapper à votre porte, et vous demande si vous avez des ognons, des cors ou des durillons.... Des durillons, des ognons! oh, Zélis! Mais que le diable emporte l'indiscret avec ses questions grotesques!

ÉPISODE.

La manie de madame de Terneville était, d'abord, de n'aller au bain qu'à dix heures du soir; puis, de placer autour de sa baignoire une douzaine de bougies, qu'elle fixait tant bien que mal. Au milieu de cette illumination, elle se mettait à lire un roman noir, *Les Fantômes nocturnes*, par exemple; le jeu des lumières, rembrunies par la vacillation et la réfraction de l'eau, donnait, disait-elle, aux narrations terribles de cet ouvrage, des teintes sombres et sépulcrales qui centuplaient ses jouissances. Il arriva un soir, qu'elle s'était livrée au plaisir de cette originalité, que le sommeil la surprit au moment où elle lisait *les Bains de sang*, une des nouvelles les plus affreuses des *Fantômes nocturnes*. Son imagination, échauffée par cette lecture, lui reproduisit en songe les horreurs qu'elle avait parcourues; soudain, elle se croit une des victimes des *Bains de sang*, et, se mettant à pousser des cris horribles, elle se réveille au milieu de cette sorte de cauchemar... Que devient-elle, quand elle voit le feu de toutes les bougies qui l'entourent?... La baignoire lui paraît un fleuve ensanglanté; elle appelle au secours de toutes ses forces; on arrive, et on ne peut s'empêcher de rire de l'appareil bizarre qui l'investissait, en la faisant paraître comme au milieu d'un brillant cercueil. Madame de Terneville croit long-temps encore être environnée par des assassins implacables; mais enfin elle reconnaît son erreur, avoue sa faiblesse, sa manie, et tout est éclairci au milieu de nouveaux éclats de rire.

ONZIÈME TABLEAU.

BAINS DE LA RUE DES COLONNES,
DITS BAINS TURCS,
A VAPEURS ET A FUMIGATIONS,

SITUÉS PRÈS DU THÉATRE FEYDEAU ET DE LA RUE DES FILLES SAINT-THOMAS.

Pour les mondains, pour ces heureux épicuriens, à qui la jeunesse, la figure, la fortune, ont prodigué leurs faveurs, ce quartier par excellence est une autre Cythère, où mille Nymphes, à la fleur de leur âge, tiennent comptoir de voluptés. Ce quartier, dis-je, est le grand sérail de la capitale ; tel qu'à Otahiti, on ne semble là vivre que pour le Plaisir, et l'on sacrifie sans cesse à ce dieu. Jamais la misère n'y montre sa figure famélique et ses haillons hideux. L'élégance des femmes qui l'habitent, le voisinage des coulisses de Feydeau (bois touffus dont s'échappent tant de dryades et de satyres), la proximité du passage du *Panomara* (autre école normale de luxe et de mollesse), le théâtre des Variétés, immortel par ses galans colifichets, le boulevard Frascati, la richesse de la rue Vivienne, enfin, celle de Richelieu, où les étrangers opulens descendent de préférence, tout contribue à faire de la rue des Colonnes une espèce de Thébaïde voluptueuse.

L'entrepreneur a donc parfaitement bien raisonné, en établissant là des bains dans le goût asiatique. Voulez-vous amasser de l'or, baignez-vous dans le fleuve du Pactole.

Avant de passer à la partie physique et morale de ces bains, disons encore un mot sur les syrènes, qui, le soir, charment les passans par les roulades d'un chant mélodieux, dont le refrain est très-agaçant. Je ne me rappelle pas absolument des paroles ; mais, au sourire gracieux dont elles les accompagnent, elles doivent être pleines de douceur. Elles ne touchent pas, il est vrai, comme les syrènes de la Fable, *Leucosie*, *Lydie* et *Parthénope*, la lyre harmonieuse; cet instrument leur est rien moins que familier ; mais en revanche, elles sont d'une bonté et surtout d'une complaisance sans bornes: on ne peut plus hospitalières, elles vous reçoivent avec grâce, et font les honneurs de leur maison avec une politesse achevée: bref, un époux ne serait pas mieux reçu par sa femme.

Des cafés brillans abondent dans la rue des Colonnes; et on l'a ainsi nommée, parce qu'en effet vous la parcourez des deux côtés sous de riches colonnes. Les bains dont nous allons nous occuper sont sur la gauche en entrant par la rue des Filles-Saint-Thomas. Il ne faut pas s'attendre à un vaste monument érigé à la déesse Hygie; ces bains sont pratiqués à un rez-de-chaussée, et à l'entresol, dans de beaux appartemens; si l'extérieur n'a pas l'élégance et la noblesse des Bains Montesquieu, ils ressemblent à la violette qui, pour se dérober humblement sous le gazon, n'en répand pas moins les plus doux parfums.

Beautés, amies de la décence, cet exorde n'a rien qui vous doive alarmer. Pour vous dépeindre les *Thermes* de la rue des Colonnes, je n'aurai besoin ni de vous faire voir les objets sous le demi-jour de la périphrase, ni d'emprunter à la pudeur un voile officieux. Ne vous attendez pas à des aventures signalées par la chronique scandaleuse, à des scènes dont l'amour formerait l'intrigue, les jouissances et la volupté; à un dénouement où les acteurs seraient de jeunes sultans de la Chaussée-d'Antin et d'aimables odalisques du boulevard *Tortoni*...... — Ces Thermes, où jadis d'autres Actéons surprenaient d'autres Dianes au milieu des eaux, sans pourtant éprouver le sort de l'infortuné chasseur, sont devenus l'asile de la décence. On dit à cet égard que la Volupté s'est indignée de voir briser un de ses temples ; mais elle en a tant à Paris, qu'elle peut facilement se consoler de cette perte.

Il y a ici deux maisons de bains ; l'une porte le titre de **Bains Feydeau** ; l'autre, toujours sous la même galerie, est plus rapprochée de la rue des Filles-Saint-Thomas : elle n'a d'autre indice que le mot *Bains*, inscrit au-dessus de la porte.

Dans ces deux maisons, les bains sont à l'entresol : dans la première on trouve, au rez-de-chaussée, à droite, le bureau ; quinze marches environ au-dessus du niveau de la rue, vous entrez dans un corridor parqueté, brillant de glaces, séjour de la fraîcheur et du silence ; des deux côtés sont les bains. On y trouve des bains *simples, doubles, à vapeurs, à fumigations, à la turque,* pour une, deux ou trois personnes. La propreté, l'élégance, ont présidé à la confection de ces thermes. La plus grande promptitude règne dans le service.

Après le bain, l'habitant des bords de l'Yonne peut retrouver le nectar de Tonnerre ou de Châblis ; et celui des rives de la Marne peut aussi voir pétiller dans une coupe de cristal, *les gouttes d'or* d'Ay. La petite-maîtresse y trouve aussi les sirops les plus délicats, les liqueurs les plus rafraîchissantes. Un opulent milord n'a qu'à détonner un énergique *goddèm*, et, à l'instant, il pourra verser dans sa poitrine de fer le phlégéton d'un punch délicieux.

Le soir, ces bains sont éclairés à l'oxigène.

Je devrais garder le silence sur les autres bains ; mais je dois cependant les faire connaître dans leur passé: la tâche que j'ai entreprise me le commande.

C'est ici surtout que jadis des femmes galantes, dont les noms empruntés de *Fatime, Mirza, Matusbé,* venaient vous faire allumer les flambeaux de l'amour au milieu des eaux.... Là, le satyre poursuivait les naïades qui, certes, n'étaient pas si timides et si fugitives que celles qui se jouaient autrefois sur les bords rians de l'Eurotas ou de l'Achéloüs.

Ces femmes en sont bannies aujourd'hui. Cette maison est donc devenue on ne peut plus décente, agréable et commode. Des baignoires de cuivre, bien étamées, placées ingénieusement dans des niches, présentent une disposition heureuse ; mais elles sont en petit nombre; et, quand il y a un peu de monde, il faut attendre que quelqu'un soit parti pour prendre sa place. La maîtresse de la maison a des manières très-agréables, et les filles y sont on ne peut plus polies.

DOUZIÈME TABLEAU.

BAINS SAINT-SAUVEUR,
RUE SAINT DENIS, PRÈS LA RUE SAINT-SAUVEUR.

La rue Saint-Denis, qui forme à elle seule une espèce de ville marchande, abondamment pourvue de tous les ruineux colifichets de la parure; qui a, pour ainsi dire, ses mœurs et ses costumes différens de ceux des grands quartiers de la capitale, s'enorgueillit aussi de ses bains. Ceux dits *Saint-Sauveur*, s'annoncent par une superbe façade, une entrée majestueuse, un petit jardin animé de son jet d'eau, voire même d'un croquis de cascade, de quelques statues, et d'une horloge au milieu du premier étage.

Les bonnes bourgeoises de la rue Saint-Denis ne se seraient jamais doutées qu'un jour ce petit temple d'Epidaure s'éleverait parmi elles pour le double avantage de leurs attraits et de leur santé. Autrefois, réduites au seau de faïence domestique, savaient-elles seulement si l'antiquité grecque ou persane s'était baignée dans des parfums délicieux, dans des marbres éblouissans de blancheur ?..... Bornées à la modeste et étroite cuvette, le bain de propreté n'était pour elles qu'un acte furtif, mesquin, honteux ; encore rougissaient-elles tout-bas d'avoir osé faire une courte libation à des attraits pudibonds, auxquels l'eau semblait même un élément inconnu. La manière étroite de l'éducation du bon temps *jadis*, ne connaissait à cet égard aucun soin d'hygiène ; et nos bons aïeux considéraient comme un péché, pour le moins véniel, l'idée seule d'une nudité virginale, qui osait se confier aux caresses téméraires de l'eau. Les temps sont bien changés! le marais même, de gothique mémoire, a ses bains; et, pour revenir aux bains Saint-Sauveur, tout le beau monde des rues du Grand-Hurleur, Thévenot, Quincampoix, Tuanderie, y accourt en foule; on dit même que l'on y a vu une fois à la porte une *demi-fortune*, équipage d'un marchand de bonbons de la rue des Lombards, qui avait consolidé son opulence sur des caramels et des jus de pomme.

Ainsi, aux quatre points cardinaux de la capitale, nous admirons des bains élégans: Paris est une autre *Epidaure*.

Disons un mot sur ce qu'était autrefois cette ville, située près Corinthe en Grèce. On rapporte d'abord qu'elle fut consacrée à Esculape, dieu de la médecine, parce que la fille de Phlégyas, un des plus grands héros de son temps, aimée d'Apollon, devint enceinte : pour cacher sa faute à son père, elle alla accoucher secrétement près d'Épidaure ; elle exposa son fils sur une montagne ; une chèvre l'allaita, et le chien du troupeau veilla sur lui. Un jour le chévrier, cherchant cette chèvre et son chien, les trouva auprès de cet enfant. Il voulut l'emporter; mais il le vit si resplendissant de lumière, qu'il crut y reconnaître quelque chose de divin, et, par respect, il le laissa. Aussitôt la renommée publia qu'il était né un enfant miraculeux, qui guérissait les malades et ressuscitait les morts: Au dessus de la porte du temple, était cette inscription : *L'entrée de ces lieux n'est permise qu'aux âmes pures.* La statue du dieu était d'or et d'ivoire ; il était assis sur un trône, un chien à ses pieds, tenant d'une main un bâton, et appuyant l'autre sur la tête d'un serpent. Dans son enceinte, on ne laissait mourir aucun homme, ni accoucher aucune femme. Les serpens étaient consacrés à Esculape ;

. . . .
Habitant des forêts, et des monts, et des champs,
Le serpent à son tour a des droits à mes chants.
Par ses beaux mouvemens, et sa riche parure,
Cher à la poésie ainsi qu'à la peinture,
Le serpent a ses mœurs, ses combats, ses amours,
Son port audacieux, ses habiles détours;
Mais il fuit nos regards : dans le sein des broussailles,
Dans les fentes des rocs ou le creux des murailles,
Il semble qu'affligé de son triste renom
Il cache ses remords, sa honte et son poison.

DELILLE.

Les prêtres d'Esculape étaient dans l'usage d'élever des serpens dans l'intérieur du temple, qui obéissaient à leur voix, se repliaient autour de leur corps, et recevaient la nourriture de leurs mains.

C'était près du temple d'Epidaure que les jeunes Grecques venaient chanter souvent le fameux cantique que Sapho composa à quinze ans, et qui commence de la sorte:

Virginité où fuyez-vous après m'avoir quittée ? . . . .

On assure qu'on a composé, dans le quartier St.-Denis, des strophes à l'instar de celles de Sapho, qui terminent de même, et que le soir, dans la belle saison, toutes les petites lingères, modistes, fleuristes et grisettes, prêtresses de Momus, des rues adjacentes aux bains Saint-Sauveur, viennent également y chanter en chœur :

Virginité où fuyez-vous après m'avoir quittée ?....

La foule, assure-t-on, est considérable.

On trouve dans ces bains des cosmétiques précieux pour la peau; tels que des huiles balsamiques, des essences athéniennes, musc, ambre, l'eau admirable dite *des Odalisques*, dont les effets miraculeux, entre mille autres, sont de reproduire, au naturel, tous les prestiges *d'une complète innocence*: c'est le *zénith* de la cosméologie; et la pommade *de la Comtesse* n'est rien en comparaison. Ne nous étonnons donc plus si nous voyons dans le marché aux fleurs, près la rue Saint-Denis, tant de couronnes virginales !

TREIZIÈME TABLEAU.

BAINS DU MAIL,

RUE DU MAIL.

Si *Tivoli* et *Vigier* pouvaient craindre des rivaux, ils en trouveraient dans les bains de la rue du Mail. Placés dans un des plus riches quartiers de Paris, avoisinant la place des Victoires, la nombreuse et brillante société des deux sexes qui s'y rend, paraît plutôt aller à un des premiers théâtres de la capitale, qu'à une maison de bains. L'entrée, fort riche, annonce de loin à l'étranger un établissement de premier ordre dans ce genre; et, pour que l'œil soit plus promptement attiré, un Mercure, doré sur toutes ses formes élégantes, un caducée dans la main droite, tenant dans la gauche l'enseigne des bains, et dans une pose aérienne, semble vous inviter à venir visiter le petit temple de Neptune qu'il paraît avoir pris sous ses divins auspices.

A peine êtes-vous entré, qu'une Vénus pudique, dans sa niche, à gauche, une Naïade, dans la sienne, à droite, attirent vos yeux charmés de l'élégance de l'édifice : vous traversez un riche vestibule qui conduit à un joli jardin, autour duquel règne la galerie des bains des deux sexes.

Là, vous avez le bain *Nuptial aromatisé*, comme à Tivoli;

Le bain de *lie-de-vin*, de *cinabre*, de *soufre;*

Le bain *de bouillon de tripes;*

Le bain *d'ondées et en pluie;*

Le bain à *préparation mercurielle;*

Le bain de *son* pour embellir les teintes de la carnation ;

Toutes les eaux minérales naturelles ou factices ;

La douche pour les douleurs ;

Celle pour l'aliénation mentale, tombant de quarante-cinq pieds de hauteur;

Tous les genres de bains à *l'asiatique*, particulièrement le bain *persan*, qui coûte 120 *francs* ;

En outre, le bain à *l'acoustique*, pour les maux d'oreilles ; bain qui est d'un merveilleux effet par l'art des injections bienfaisantes.

Le bain de *la beauté* est encore un autre procédé mystérieux, dans lequel *l'eau des Sultanes*, le *lait virginal* de Ninon-l'Enclos, la *pâte mexicaine*, et l'*huile des Célèbes* sont merveilleusement employés;

La Douche de la boule de cuivre, chef-d'œuvre de l'art des médecins, qui sert à calmer et à guérir les affections de certaine partie on ne peut plus délicate dans le beau sexe, et que la pudeur ne permet pas de nommer ;

Enfin, le *bain du filet*, où, balancée dans une nasse sur la superficie de l'eau, à l'imitation des Américains, une personne effleure alternativement l'onde dans une balançoire *éolienne* et harmonique. On y jouit d'autres beaux salons de réunion, d'une bibliothèque, d'une table d'hôte, d'un restaurant bien soigné.

Il faut aller à ces bains pour se faire une idée du degré auquel l'imagination peut s'élever en ce genre; car il serait trop long d'en décrire toutes les particularités si curieuses.

QUATORZIÈME TABLEAU.

BAINS DE LA RUE TIQUETONNE,
QUARTIER MONTMARTRE.

Même bon ton, même luxe, qu'aux bains du Mail; politesse charmante dans les dames de la maison : cette aimable urbanité ne contribue pas peu à vous prévenir en faveur de l'établissement qui vient d'être restauré à neuf. Le jardin y est très-agréable, et là, tout respire fraîcheur, propreté et élégance. Comme l'imagination entre pour beaucoup dans les maux de l'homme, le site est si pittoresque, si gracieux, qu'en vérité, à peine a-t-on mis le pied aux BAINS TIQUETONNE, qu'on a laissé les trois quarts de sa maladie sur le seuil de la porte.

Les garçons de bain, à l'adresse

qu'ils ont pour *masser, tatouer* d'essences, de pâtes à la rose, brûler les *clous odorans*, frotter avec des lotions de *pastilles du sérail*, joignent le talent de *pédicures*. Les femmes de la maison ont également toutes les prévenances possibles pour les dames, et leur devise est : *politesse, soins et discrétion*.

Les douches de Baréges y sont renommées ; et on n'est pas là fou impunément.

QUINZIÈME TABLEAU.

BAINS DE LA RUE DU PAON,

RUE DU PAON.

Quoique ce titre annonce de l'orgueil, personne de plus modeste, de plus poli, de plus serviable, que le propriétaire de cet établissement, qui est situé sur le terrain le plus favorable à la santé. Le jardin en est très-spacieux, très-bien aéré, et une promenade seule sous ses peupliers romantiques, sur ses gazons frais, verse la santé dans votre sein.

Tous les prix sont modérés ; de la propreté au luxe, vous pouvez tout demander : un coup de sonnette, et vous serez traité, en Turc, en Sybarite voluptueux. Paris n'est-il pas le centre des merveilles? montrez de l'or, et la baguette de Circé va de suite enfanter des miracles.

SEIZIÈME TABLEAU.

BAINS DE LA RUE SAINT-JACQUES,
RUE SAINT-JACQUES.

Si l'intérieur de la capitale se glorifie de bains fastueux, ses faubourgs ne dérogent pas. La déesse Hygie, chaque jour, y fait pénétrer ses bienfaits, ainsi que le luxe sa douce mollesse. *Les bains de la rue Saint-Jacques*, ornés d'un beau jardin, en sont une nouvelle preuve. Les habitans de ces quartiers lointains ne sont donc plus obligés d'aller chercher sur les bords de la Seine, la fraîcheur d'un bain dont une trop longue course détruit souvent l'avantage : ils le trouvent dans leur voisinage. Chaque faubourg sera bientôt lui-même une brillante capitale, qui n'aura plus lieu d'envier le faste de la métropole.

La société qu'on trouve aux bains Saint-Jacques se compose généralement de MM. les étudians en droit et en médecine ; ils sont trop instruits pour ne pas sentir toutes les propriétés du bain. On les voit arriver avec un *Cuvier* ou un *Delvincourt*, dans lequel ils ne laissent pas souvent de glisser la lettre sans orthographe d'une piquante grisette qui leur donne un rendez-vous à la *Chaumière* ou chez *Filar* ; ainsi le scalpel d'Esculape se mêle au carquois des amours, et les balances de Thémis se confondent avec le thyrse et le tambourin de Terpsichore.

Il y a quelque temps je fus à ces bains. Parmi quelques *mamans* très-respectables, et quelques *pères nobles*, qui vont au bain avec cette gaîté bruyante qu'on voit éclater sur les bancs somnifères des allées du Luxembourg, je vis arriver lestement un joli couple qui pouvait compter à peine trente-six printemps. La jeunesse brillait sur le visage riant de ces deux amans. La jeune personne cependant laissait présumer dans ses yeux un peu abattus le souvenir récent du plaisir...; et quoique bien éveillée, le sommeil de la volupté paraissait régner encore dans tous ses sens; ils se dirent quelques folies, se tinrent longtemps la main, et enfin se séparèrent avec cette expression de regret qui semblait dire: « *Pourquoi de cruelles bien-* » *séances nous défendent-elles le char-* » *me d'une seule baignoire !!!....* »

INSTRUCTIONS GÉNÉRALES SUR LE BAIN.

Nous avons dit déjà combien la nature emprunte de secours à l'art, combien le règne végétal fournit d'attraits à la beauté. Nous allons analyser ici la véritable manière de s'embellir au bain, voulant faire de cet ouvrage un véritable *code législatif* pour la conservation de la beauté.

L'huile des Abbés et *le lait virginal* nous semblent les cosmétiques les plus précieux pour adoucir la peau, pénétrer dans tous ses pores, et lui donner cette teinte de perle mate, ou de belle cire dans toute sa fraîcheur ; l'eau des Odalisques encore, et le suc de roses turc, qui se transforme en écume blanche comme la neige, sont d'un grand effet pour donner à la carnation et aux veines qui serpentent sur le sein, cet éclat et cet azur qui rendent cette partie des beautés d'une femme si attrayante. La pâte d'amande encore, combinée avec la crême du *Cathay* et la liqueur acéteuse de *Macassar*, sans avoir le mordant épilatoire du *Rusma* de Constantinople, produit le même effet; elle enlève tous les petits poils ou rousseurs qui font tache sur la peau, sur la gorge, les bras, les épaules, et laisse les formes aussi pures qu'une glace : les extrémités, telles que les genoux, les talons, les coudes, les mains, reprennent cette nuance rosée, qui se marie si bien aux autres perfections du corps d'une belle femme. Il faut avoir bien soin de calculer *les époques* auxquelles on va au bain, car dans certaines situations il deviendrait dangereux; on doit encore, en sortant, se tenir les pieds très-chauds, et n'en pas prendre trop fréquemment; car alors les chairs qui lui doivent leur belle élasticité et leur fraîcheur, se verraient amollies dans leurs secrets ressorts, et la langueur morale amènerait la langueur physique.

Le bain en général cause ce grand bien, qu'il conserve la fraîcheur, et que même il donne de l'embonpoit aux personnes qui en sont dépourvues. Il excite l'appétit par les transpirations qu'il provoque: mais la dépense ici est loin d'excéder la recette.

DIX-SEPTIÈME TABLEAU.

BAINS A DOMICILE OU THERMOPHORES.

L'ENTREPRISE EST RUE DU FAUBOURG MONTMARTRE, N° 10.

Jusqu'à ce jour un meuble sédentaire
Nous offrait au logis ses antiques bienfaits ;
Un bain chauffé dans de très-longs apprêts,
Recevait, tout joyeux, et la sœur et le frère.
Epargnez-vous ce soin, ce pénible embarras ;
D'un *therme*, au petit trot, le liquide équipage
Arrive à votre porte ; et bain, peignoir et draps,
Tout vous est voituré, même au plus haut étage.

NOTRE siècle, inépuisable en inventions, a produit depuis peu de temps celle des *bains à domicile*. De cette manière une personne sans fortune, qui se trouve malade et dans la nécessité, par les ordonnances du médecin, de prendre quelques bains chez elle, se les fait apporter, par un homme qui roule, sur une petite voiture à bras, tout l'appareil ambulant, nécessaire pour chauffer le bain en quelques minutes. La baignoire se monte, se démonte ; l'eau se chauffe par des procédés de physique très-expéditifs, et l'on a, sans sortir de chez soi, l'avantage, à très-peu de frais, de ne rien négliger pour sa prompte guérison.

On ne saurait donc donner trop d'éloges à cette utile invention, qui se rattache à un système bienfaisant d'hygiène publique. La vaccine a causé le plus grand bien aux générations actuelles, dont elle est le préservatif conservateur; sans pouvoir donner le même degré de louanges aux *bains à domicile,* on doit cependant les ranger au nombre des découvertes auxquelles l'humanité et la philantropie sourient avec plaisir. C'est à M. D*** qu'on est redevable de cette intéressante découverte.

Ainsi l'homme peut maintenant se

procurer, à Paris, toutes les jouissances possibles, *et cela à domicile :* on a même de l'amour *à domicile ;* mais cela n'est pas une nouvelle invention, car les entrepreneuses existent de temps immémorial.

Puisque nous sommes dans le champ vaste des inventions, nous croyons devoir placer ici un mot sur les SERINGUES INSENSIBLES: nous ne sortons pas de notre sujet; nous sommes toujours dans la cathégorie des jeux hydrauliques. On appelle *seringues insensibles* celles qui, ne causant aucun effort, aucune douleur, vous insinuent un lavement avec une onction, une aménité vraiment paternelles. L'amateur, placé sur, un petit meuble d'acajou quadrupède, plaqué en argent, et très-docile à la monture, pousse un piston, après s'être assis sur une canule d'argent, aussi douce qu'un bâton de sucre d'orge, et le liquide pénètre sans effort, sans secousses dans les intestins. Les dames de Paris qui ont une prédilection prononcée pour l'épisode du lavement (et c'est le grand nombre), ne sauraient ressentir trop de reconnaissance pour leur ingénieux bienfaiteur, puisque, par son invention, il a su leur épargner des douleurs cuisantes, des inconvéniens fâcheux, des postures grotesques et fatigantes. Par ses profondes études à combiner ici les effets avec les causes, il a su, dis-je, métamorphoser une opération incommode, triviale, en un passe-temps voluptueux. Aussi assure-t-on qu'un conseil de petites-maîtresses, réunies en comité secret, lui ont adressé, avec une lettre on ne peut plus flatteuse, une seringue en or qu'il a fait mettre sous verre, sur sa cheminée à côté de la pendule. Comme les lumières gagnent de proche en proche ! ! !.. *Des seringues insensibles* volent déjà, du nord au midi, *et vice versâ*, sur les ailes de la renommée ; il n'y a pas une altesse en Europe qui n'en ait une dans son cabinet. Le nom de l'auteur, qui a voulu s'immortaliser, est gravé sur un des côtés de l'appareil seringuant, et chaque fois qu'on va à la garde-robe, on lui paie un juste tribut de souvenirs. C'est ainsi qu'un homme de génie sait attacher son nom à des monumens qui ont une base vraiment *fondamentale.*

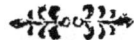

DIX-HUITIÈME TABLEAU.

DOUCHES ADMINISTRÉES AUX FOUS.

De tant de maux affreux qui pèsent sur la vie
Le plus cruel de tous n'est-ce pas la folie ?
La mort, du moins, propice en son fatal secours,
D'un repos sans réveil nous endort pour toujours ;
Mais un fou, plein de force, en son fougueux délire,
Meurt et renaît cent fois du mal qui le déchire ;
Et d'un flambeau lointain poursuivant la lueur,
De son funeste état connaît souvent l'horreur !

—

Les médecins regardent les douches comme une invention moderne. Les anciens ne les connaissaient pas. Aussi, lorsqu'on a voulu latiniser ce mot, on a été obligé de parodier celui de *Doccia* qu'emploient les Italiens, et on en a fait *Ducia* en latin moderne : pourtant on définissait la douche, « *une colonne*

» *d'eau déterminée venant frapper,*
» *aussi avec une vitesse déterminée,*
» *une partie quelconque du corps.* »

On pourrait en trouver quelques idées chez les anciens Grecs, en remontant même jusqu'aux temps fabuleux. Homère fait ainsi parler Ulysse, racontant ses aventures dans le palais de Cyrcé: « Une
» nymphe apporta de l'eau, alluma du
» feu, et disposa tout pour le bain. J'y
» entrai quand tout fut prêt ; on versa
» l'eau chaude sur ma tête, sur mes
» épaules ; on me parfuma d'essences
» exquises, et lorsque je ne me ressentis
» plus de la lassitude de tant de peines et
» de tant maux que j'avais soufferts, et
» que je voulus sortir du bain, on me
» couvrit d'une belle tunique et d'un
» manteau magnifique. »

Ainsi, il n'y a aucun doute que cette effusion d'eau chaude, sur la tête et sur les épaules, était regardée, dans l'antiquité grecque, comme facilitant l'action du bain, et l'aidant à calmer la fatigue des membres ; ce qui s'accorde d'ailleurs parfaitement avec l'idée de *Savonarol*, qui fait venir le mot *bain*, en grec, de deux mots qui donnent l'idée d'un remède excellent pour chasser la douleur.

Les affusions se faisaient en général d'une hauteur moins considérable que celle que nous employons maintenant pour les douches ; elles se bornaient à répandre de l'eau sur la tête des personnes qui étaient dans le bain ; on se servait à cet effet d'un vase plus ou moins grand. Des Grecs, cet usage des affusions pendant le bain passa chez les Romains ; et leur emploi fut si salutaire, qu'au rapport de Pline, on ne connut à Rome d'autre médecine pendant plus de six cents ans.

Nos douches ne consistent pas à répandre de l'eau avec profusion sur toutes les parties du corps ; mais bien à la diriger sur un point circonscrit, et à la faire frapper avec assez de vitesse. Un appareil pour les douches se compose d'un baquet que l'on remplit d'eau, et que l'on élève à une hauteur qui peut être portée depuis trois jusqu'à douze pieds. Ce baquet est muni à son fond d'un robinet qui a un diamètre de six à douze lignes. On ouvre le robinet, et on laisse tomber l'eau sur une partie quelconque du corps. La hauteur de la douche se mesure depuis le niveau de l'eau du baquet, jusqu'à la partie qui reçoit la douche. Ces sortes de douches se nomment *douches descendantes*, parce que l'eau tombe d'un endroit élevé. Il y a deux autres espèces de douches; l'une qu'on appelle *latérale*, parce que l'eau vient de côté; et l'autre *ascendante*, parce que l'eau remonte, et, de son propre poids, forme un jet d'eau qui est dirigé ensuite sur une partie du corps.

Les douches ont pour effet de favoriser un mouvement du centre à la circonférence, et de faciliter la transpiration, lorsqu'on a soin de se mettre au lit immédiatement après. D'abord, l'endroit qui est frappé par l'eau pâlit, tandis que les parties environnantes sont très-rouges ; mais, sitôt qu'on arrête la colonne d'eau, cette partie devient rouge comme le pourtour, et cette rougeur s'étend, de proche en proche, à toutes les parties du corps, et détermine une transpiration abondante. La durée des douches est *de dix à vingt minutes.*

Cette manière d'exciter les transpirations est, je crois, bien préférable au mode des bains des Russes et des Allemands, qui consistait en une salle fortement chauffée, où ils allaient suer de compagnie sans distinction de sexe. Il est vrai que la douche entrait aussi pour quelque chose dans cette bizarre coutume ; car le seigneur russe, par exemple, au sortir de ces étuves, où il s'est cuit à demi, se fait laver à l'eau chaude, puis à l'eau froide dont on lui jette plusieurs seaux sur la tête; ensuite il prend une boisson composée de bierre anglaise, de vin blanc, de pain rôti, de sucre, de tranches de citron, et se repose sur un lit; de même que le russe esclave, après être sorti de la *marmitte à vapeurs*, se roule dans la neige, boit ensuite un verre ou deux d'esprit de grain, et reprend ses travaux.

Plus tard, lorsque la barbarie soumit les destinées des hommes à ses caprices, on se servit de la douche comme d'un moyen de torture. On faisait tomber goutte à goutte l'eau élevée à une hauteur considérable, et elle était reçue sur le sommet de la tête du patient, que l'on avait préalablement rasée de très-près. La douleur que cette invention produisait était insupportable, et cependant on cite un homme qui a pu contenir le langage de la douleur *jusqu'à la soixantième goutte!....*

Rendons grâces à jamais aux bienfaits de la civilisation et à la sage philantropie du monarque qui a aboli de pareils systèmes; il a bien compris, ce prince philosophe, que ce n'était pas du tout là le moyen d'arracher la vérité aux coupables, en commandant les aveux, l'instrument des supplices à la main : aussi a-t-on dit dans ce vers sublime :

« La torture interroge et la douleur répond. »

C'est malgré moi, Mesdames, que je mets sous vos yeux des tableaux si pénibles ; mais il faut vous instruire, et la frivolité n'est pas votre unique idole. Je voudrais, autant que possible, tirer le voile sur le côté faible de l'esprit humain ; mais un auteur se doit à la vérité, et c'est ma déesse favorite ; aussi, je vous prie, chère Lectrice, de me donner le bras, nous allons faire ensemble un tour de promenade dans ces maisons où les misères et les adversités de l'esprit humain éclatent dans tout leur jour; vous verrez que, depuis l'inventeur de la torture jusqu'au modèle-Socrate, tout le monde a un petit grain de folie dans la tête.

» Tous les hommes sont fous, et malgré tous leurs soins,
» Ne diffèrent entr'eux que du plus ou du moins. »

Je n'en excepterai pas les plus grands génies; car je crois à la lettre ce proverbe latin qui dit : « *Nullum magnum in-genium sine mixturà dementiæ :* » Il n'est pas de grand homme sans un grain de folie. Ainsi, que nos médecins se gardent bien de se mettre dans la tête d'administrer les douches à tous les fous, car il ne serait besoin rien moins que d'un nouveau déluge universel, pour remplir leur ordonnance; nous aurions même grand soin, par politesse, de faire passer les premiers nos modernes Esculapes, sans en excepter même la tête chauve du grand Hippocrate.

Mais comme tout n'est que convention dans ce monde, il est reçu d'appeler *fous* ceux dont les idées s'écartent de la folie commune, et qui franchissent les bornes prescrites : d'après cela, toutes les passions doivent engendrer la folie; aussi,

> Il est des fous, dont les accès charmans;
> A la gaîté joignent les sentimens;
> Des foux heureux dont la plume légère
> Aux jeux du Pinde unit ceux de Cythère....

D'autres qui ne rêvent que l'or et les dignités. Quelques-uns se croient le Père éternel : examinez là-bas, sur ce banc, cet homme immobile; il ne souffre pas qu'on l'approche, parce qu'il se croit Atlas, et craint de laisser tomber le globe terrestre qu'il se figure porter sur ses épaules : cet autre insensé plaisant s'imagine être de verre, et bouge à peine dans la crainte de se briser.... Si toutes nos cervelles légères de la capitale se connaissaient bien, elles pourraient, à juste titre, avoir la même appréhension. Celui-là, enfin, nous paraît le plus singulier de tous. Depuis plusieurs années, il retient ses urines, dans la crainte qu'il a d'inonder la terre, s'il les lâchait; on ne pourrait lui comparer, dans sa comique démence, que cet insensé qui voit ses vastes moissons dans un pot, et peste après les oiseaux qui, dit-il, les dévore.

Vous voyez par-là, Mesdames, que l'homme est naturellement philantrope, et qu'il ne laisse pas de conserver ce caractère jusques dans les plus grands écarts de sa raison : il n'y a que des âmes dénaturées qui soient égoïstes. Mais, grâces aux progrès de notre civilisation, les femmes chez lesquelles ce petit défaut était remarquable, s'en corrigent tous les jours, et se font un devoir de ne pas garder, par une trop chaste avarice, les richesses dont la nature les a avantagées.

Au reste, on voit que la plupart de ces fous n'ont rien d'effrayant ; on n'a pas besoin, comme pour quelques forcenés, épris du délire de l'amour, de les charger de chaînes; ils sont tous gais, ou d'une sévérité risible qui les rend heureux ; c'est ce qui me fait penser, avec un de nos auteurs, que

« Souvent de tous nos maux la raison est le pire ;
« . . . . et je trouve en effet
« Que le plus fou souvent est le plus satisfait. »

Je ne me suis permis cette digression que pour amener à mon sujet principal, qui est l'ADMINISTRATION DE LA DOUCHE AUX ALIÉNÉS, dans la vue de rétablir l'harmonie dans leurs facultés intellectuelles. En médecine comme en morale et en politique, il faut quelquefois des bouleversemens, de ces grands moyens que les diplomates appellent *coups d'état*, pour faire cesser l'orage des révolutions. C'est d'après l'application de ce principe qu'on administre les douches aux aliénés, dans la vue d'opérer une diversion salutaire aux idées qui les captivent. C'est encore dans ce but que naguères, avant que le flambeau de la philosophie eût éclairé cette branche de la médecine, on donnait des *bains de Surprise* aux fous. Ces bains consistaient à attacher les malades par la ceinture, et à les jeter dans l'eau froide, et ce, au milieu de l'hiver; on les retirait de là demi-morts : il arrivait quelquefois (mais bien rarement) qu'ils revenaient à la raison ; mais le plus souvent ce procédé extrême ne faisait que les aigrir, les irriter davantage, en augmentant leur extravagance.

Les moyens anodins, qui offrent aux sens les images de l'harmonie, sont des secours bien plus certains que ces coups de surprise. C'est donc en vain qu'on précipitera un fou du haut d'un pont dans un fleuve, qu'on tirera des coups de pistolet à ses oreilles, qu'on le réveillera en sursaut, et qu'on présentera subitement à sa vue épouvantée des spectacles sanglans ou dramatiques, tels que son épouse échevelée et percée en apparence d'un long poignard, puis des crêpes, des torches funèbres pendant son sommeil : ces idées marchent absolument contre le but qu'on se propose. Que ce plan de ce médecin savant et philosophe à-la-fois nous paraît préférable!.... (1) il ramène la raison par le chemin de la mélancolie. Loin d'emprunter au mélodrame ses cadavres livides, ses crimes et ses ombres sanglantes.... des fleurs, d'harmonieux instrumens, une harpe qu'il fera entendre sur le soir dans un bouquet de bois, voisin de la demeure des aliénés, sont les effets bienfaisans dont il se sert pour attendrir mollement leur cœur,

---

(1) M. R *** administrateur de l'hospice de Charenton.

provoquer la sensibilité, adoucir le système nerveux, et déterminer les pleurs qu'on peut appeler ici *la douce rosée de l'âme*. Ce physiologiste va jusqu'à leur faire jouer la comédie ! Des fous jouer la comédie ! c'est pourtant à la lettre. Rendus à leurs premières mœurs, voyant, pour ainsi dire, le monde réfléchi dans ce miroir amusant, ces infortunés retrouvent insensiblement une route dont ils s'étaient péniblement égarés. Qu'un ami, qu'une épouse, que des enfans chéris, les embrassent, les serrent dans leurs bras au milieu de ces images ingénieuses, une crise heureuse a lieu; le bandeau de la folie tombe, et l'infortuné est rendu à la société au milieu d'un torrent de larmes qui inondent son visage.

Telle est la supériorité incontestable des procédés employés par la douceur et la patience.

Le premier, c'est Borée qui souffle et renverse; le second, c'est Phœbus qui chauffe et amollit.

La douche a les avantages de ce second moyen, parce qu'elle est aidée dans ses effets du conseil des hommes qui savent gagner la confiance des aliénés, en étudiant tous les secrets du cœur humain. Ainsi, ce n'est pas ici une main aveugle qui emploie un procédé barbare, comme celui de l'immersion dans l'eau, c'est une main exercée qui applique un médicament dont il connaît parfaitement les résultats; aussi les douches ont-elles des effets très-efficaces sur les aliénés.

On commence par les mettre dans un bain d'eau tiède; on leur fixe la tête au moyen d'un couvercle en planche, qui les empêche de s'enfuir, et on lance ensuite sur le crâne une colonne d'eau rapide de la manière dont nous l'avons exposé au commencement de ce tableau. Comme les fous redoutent singulièrement la douche, on l'emploie comme moyen de répression. C'est ainsi que l'art médical sait faire servir à une pénitence ou correction un procédé utile à la santé; car on est souvent obligé dans les maisons d'aliénés, d'user de mesures de police violente, par la raison qu'il n'y a pas de malice dont les aliénés ne soient capables; et ce qui doit surprendre, c'est que les fous forment à cet égard des projets très-bien concertés, qu'il est même difficile de découvrir. Il suffit donc de les menacer de la douche pour faire cesser leurs mutineries.

En général, les hommes sont bien moins turbulens que les femmes, et bien moins subtils à tromper. L'esprit d'espiéglerie est donc toujours un des appanages du beau sexe.

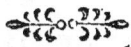

DIX-NEUVIÈME TABLEAU.

DOUCHES-BARRÈGES,
RUE NEUVE SAINT-AUGUSTIN, PRÈS CELLE RICHELIEU.

Cet établissement que la médecine hydrographique met au nombre des plus utiles perfectionnemens, ne laisse absolument rien à désirer, soit pour l'élégance, la fraîcheur des appartemens, le bon ton de la maison, les manières gracieuses des propriétaires; soit pour les soins de toute nature qui vous y sont prodigués à des prix très-raisonnables. Placé dans un des beaux quartiers de Paris, l'art y a, en quelque sorte, transporté, d'un coup de sa baguette magique, les eaux de Barrèges qui sont tout étonnées de voir leurs ondes voyageuses se mêler à celles de la Seine. Soit qu'elles soient factices, soit qu'elles soient naturelles, elles ont une vertu curative incontestable. La douche s'administre par des pistons ou tuyaux qui lancent d'aplomb sur la partie rhumatismale ou affectée par d'anciennes blessures provenant du fer ou du feu, un volume d'eau fumante, dont les particules minérales s'imprégnant dans les pores, au moyen de ce jet vigoureux, fécondent les muscles, les nerfs, leur rendent leur première souplesse, dégagent et font circuler les humeurs stationnaires ; et enfin, chassent la douleur qui s'écoule avec l'onde bienfaisante. C'est là que nos généraux, chargés de lauriers, toujours jeunes, mais couverts de vieilles cicatrices, se rendent de préférence. On a fait beaucoup de livres sur nos trophées et sur nos victoires de la révolution; on en compose encore tous les jours ; mais ne suffirait-il pas de voir le corps nu d'un de nos braves, pour parcourir sur sa poitrine, couverte de nobles blessures, le plus beau calendrier de Bellone?. Là, ce coup de feu reçu en Espagne, rappellerait la glorieuse bataille d'Ocana; ce biscaïen, la victoire de Wagram; ce boulet qui a ricoché, les lauriers d'Austerlitz; c'est à Marengo, dira-t-il, que j'ai reçu cet éclat d'obus; et à Fridland, ce coup de lance... — Partout, partout, sur sa personne, on lit des certificats de valeur, des plaies glorieuses sur lesquelles Esculape s'honore de répandre ses baumes salutaires.

Les douches-Barrèges sont encore d'une grande efficacité pour les maladies de peau, dartres, affections scrophureuses et autres. Mis dans une salle bien close, au bain de vapeur, et dans une forte transpiration, le malade reçoit la douche vigoureusement lancée sur les points les plus dartreux; et au moyen des médicamens internes, il est rare que la dartre résiste long-temps à ce savant régime. On ajoute que l'arsenic combiné est le plus puissant antidote de la dartre: ainsi, le poison minéral le plus dangereux, sous l'effort de l'art, serait devenu l'ami de la santé de l'homme !

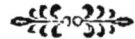

VINGTIÈME TABLEAU.

DOUCHES, BAINS DE VAPEURS ET DE BARÉGES.

RUE DES SAINTS-PÈRES, FAUBOURG SAINT-GERMAIN.

Cette maison peut se passer de tous les éloges; son ancienneté, l'urbanité de ses propriétaires, la distinction de ses bains, qui sont un des plus beaux thermes du faubourg Saint - Germain, les savans médecins qui y adressent leurs malades; tout nous dispense de prodiguer ici des louanges à une maison qui se recommande parfaitement d'elle-même.

Nous n'entrerons pas dans de nouveaux détails sur les douches et bains de vapeurs: cette répétition serait oiseuse; nous dirons seulement que dans cet établissement on y administre, par l'effet d'une invention vraiment unique, le lait d'ânesse, non-seulement intérieurement, mais en *bains de vapeur.* Ainsi, la personne dont la poitrine est délicate, respire à longs traits, dans cette étuve pectorale, tous les bienfaits d'une nouvelle vie ; le règne végétal, avec toutes ses plantes salutaires, s'introduit en douces ondées dans ses poumons ; c'est en quelque sorte un enfant à la mamelle qui puise l'existence au sein de sa mère. On avait imaginé mille moyens pour arriver à la guérison des personnes poitrinaires : *le bain de vapeurs au lait d'ânesse, qui ne coûte que 20 francs,* nous paraît les surpasser tous. La personne affectée, placée dans une baignoire close jusqu'au cou, ayant la tête chaudement tenue, reçoit du plancher de la baignoire, qui est percée de beaucoup de trous, les exhalaisons bouillantes du lait, qui l'enveloppent d'une fumée aussi bienfaisante que bénigne ; la liqueur laiteuse et végétale s'introduit dans toutes les parties spongieuses des poumons, de la poitrine, et y dépose ses sucs réparateurs. Des malades désespérées, souffrant depuis des années de la poitrine, d'affections spasmodiques, sont sorties de l'établissement des bains de la rue des Saint-Pères, aussi fraîches que des roses.

On y prend aussi des bains de vins aromatisés, *à la violette, au romarin, à la gélatine,* et leurs prix sont on ne peut plus modérés.

VINGT-UNIÈME TABLEAU.

FRANCE.

CÉLÈBRE FONTAINE DE VAUCLUSE,
PRÈS L'ISLE EN PROVENCE.

« Je redemandais *Laure* à l'écho du valon,
» Et l'écho n'avait pas oublié ce doux nom.
DELILLE.

Après avoir traversé, du côté de l'est, une promenade avoisinant la ville d'*Isle sur la Sorgue* qui la traverse, vous entrez dans un vallon terminé par un demi-cercle de rochers d'une prodigieuse élévation, et qu'on dirait avoir été taillés perpendiculairement. En continuant votre route, vous suivez un sentier étroit et plein de cailloux, qui vous mène au pied de cette masse énorme de pierres. Là, vous voyez un antre que son obscurité rend effrayant à la vue, et où il y a deux grandes cavernes. C'est vers le milieu de cet antre que sort d'un goufre, dont on n'a jamais trouvé le fond, cette fontaine de *Vaucluse* (Vallis clausa), si célèbre par les noms de *Pétrarque* et de la *belle Laure*. Un amas considérable de rochers forme une chaussée au-devant, mais à plusieurs toises de distance de cette source, non moins abondante que profonde. Quand elle est dans son état ordinaire, l'eau passe par des conduits souterrains dans le lit où elle commence son cours, prenant le nom de rivière de la *Sorgue*; mais, dans le temps de sa crue, elle s'élève impétueusement au-dessus de cette espèce de mole qui est devant l'antre, y forme un bassin, dont la surface est unie comme une glace, et se précipite ensuite avec un bruit horrible à travers les débris des rochers qu'elle blanchit de son écume. A prendre cette fontaine depuis sa source jusqu'à la plaine, je trouve que le poëte-voyageur en a bien peint le cours dans la description suivante :

> Là, parmi des rocs entassés,
> Couverts d'une mousse verdâtre,
> S'élancent des flots couronnés
> D'une écume blanche et bleuâtre.
> La chute et le mugissement
> De ces ondes précipitées,
> Des mers par l'orage irritées
> Imitent le frémissement.
> Mais bientôt moins tumultueuse,
> Et s'adoucissant à nos yeux,
> Cette fontaine merveilleuse
> N'est plus un torrent furieux.
> Le long des campagnes fleuries,
> Sur le sable et sur les cailloux,
> Elle caresse les prairies
> Avec un murmure plus doux.
> Alors, elle souffre sans peine
> Que mille différens canaux
> Divisent au loin dans la plaine
> Le trésor fécond de ses eaux.
> Son onde toujours épurée,
> Arrosant la terre altérée,
> Va fertiliser les sillons
> De la plus riante contrée
> Que le Dieu brillant des saisons,
> Du haut de la voûte azurée,
> Puisse échauffer de ses rayons.

VINGT-DEUXIÈME TABLEAU.

BAINS D'AIX EN PROVENCE.

La ville d'*Aix*, capitale de la Provence, fondée par les Romains, fut, dans la suite des siècles, le rendez-vous, la cour favorite, où les courtois troubadours se rendaient de l'Italie en galant pélerinage. Ils étaient accueillis avec distinction, et comblés de bienfaits par le comte régnant Raymond Bérenger IV, et Béatrix de Savoie, sa femme. Ce fut à cette époque que brilla le plus l'aurore de ces chevaliers mélomanes et guerriers; et ce fut encore aux sons de leur lyre romantique que se répandit parmi la noblesse du temps, avec l'amour de la poésie, cet esprit chevaleresque de galanterie qui, suivant l'expression des Troubadours, *animait les héros à la gloire, et les dames à la vertu.*

A l'une des extrémités du faubourg des Cordeliers, séparé de la ville par une grande place, sont des eaux minérales qui ont donné leur nom à Aix. On les découvrit en 1704. Ce fut en démolissant une maison qui menaçait ruine, qu'on trouva des restes de chapiteaux, de corniches et d'autres monumens antiques. Cette découverte excita la curiosité ; on fouilla et l'on trouva enfin, sous ces précieux décombres, une source d'eau chaude qui sortit à gros bouillons. Les antiquaires pensèrent d'abord que c'était véritablement l'endroit où étaient les bains de Sextius. Ils n'en doutèrent plus, lorsqu'ils virent les médailles, les inscriptions et les autres monumens antiques qu'on y trouva. L'année suivante, on en tira une pierre d'environ trois pieds de longueur, sur dix-huit pouces de largeur. On voit sur cette pierre un autel, au-dessus duquel est le symbole du Dieu des jardins.

Ce monument découvert nous autorise à croire que peut-être les anciens faisaient usage de ces eaux dans certaines maladies. Mais on prétend que, du temps même d'Auguste, elles avaient déjà perdu presque toute leur vertu par le mélange des eaux douces. Elles sont très-claires, et aussi légères que l'eau de pluie; n'ont aucune odeur ni saveur, et ne sont point extrêmement chaudes. La ville a fait élever, à ses frais, de grands et beaux édifices pour la commodité des personnes qui veulent boire de ces eaux ou prendre des bains. D'un autre côté, cette ville, située à six lieues de la mer, à trois de la Durance, près de la rivière de l'*Arc,* dans une plaine superbe, sous un ciel toujours serein, et au bas d'une colline très-fertile en fruits excellens et en vins délicieux, présente au voyageur le tableau le plus pittoresque, le séjour le plus agréable; et son âme sourit d'avance aux bienfaits des eaux dont il va chercher le secours.

VINGT-TROISIÈME TABLEAU.

EAUX SULFUREUSES DE CRANSAC, EN GUIENNE,

NON LOIN DU LANGUEDOC ET DU PÉRIGORD.

Il ne suffit pas de plaire, d'être amusant dans des descriptions de pur agrément, et de ne faire d'un livre qu'un joli colifichet bien paré, bien musqué, mais dont on ne recueillerait en analyse aucun avantage réel. Nous avons bien l'intention de nous captiver les précieux suffrages des dames auxquelles cet ouvrage est dédié; nous n'omettrons rien de toutes les recherches, de tous les moyens de l'art, soit dans l'antiquité, soit dans les siècles modernes, qui ont été conservateurs de leurs attraits par le procédé des bains et de mille ingénieux cosmétiques: mais n'avons-nous pas dit aussi que nous nous occuperions constamment de la santé des hommes?...C'est sur ce principe que nous nous garderons bien de passer sous silence le moindre des établissemens hydrauliques. L'homme impotent, l'ancien militaire, couvert d'honorables cicatrices, tourmenté d'affections rhumatismales, résultats douloureux de ses campagnes; la jeune fille frappée d'une paralysie soudaine; le malheureux jeune homme, victime de ses premières imprudences dans la carrière périlleuse de Vénus, doivent aussi trouver, dans notre ouvrage, un manuel d'hygiène, un guide géographique qui leur trace les propriétés bienfaisantes de toutes les eaux minérales, soit en France, soit dans les autres parties du globe, qui peuvent être propices à leur situation. Ainsi, nous citerons les eaux de *Cransac*, au nord-est de Villefranche, sur les bords de l'Aveiron, dans le Bas-Rouergue : ces eaux sont dignes des plus grands éloges ; non-seulement elles se prennent sur les lieux, tant en douches qu'en bains et en étuves, et guérissent les rhumatismes les plus invétérés, et quelquefois les paralysies ; mais encore on les transporte en bouteilles par tout le royaume, et l'on prétend qu'elles sont excellentes pour les faiblesses d'estomac, les obstructions et les vomissemens habituels. Elles sont sulfureuses et chaudes au point que la terre des environs fume pour peu qu'il pleuve; quelquefois, dans les temps secs, on voit la flamme en sortir. Il y a lieu de croire que le foyer de ces feux souterrains n'est pas profond, puisqu'on n'y éprouve point de tremblemens de terre.

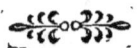

VINGT-QUATRIÈME TABLEAU.

EAUX THERMALES DE LA PRESTE,
DANS LE ROUSSILLON.

A deux lieues de Prats-de-Mollo, et dans une gorge, sont les bains des eaux thermales de *la Preste*; elles sont sulfureuses et chaudes. Il y a cinq sources, dont une seule est en usage, soit pour les besoins intérieurs, soit pour les bains. Elles ont beaucoup de réputation; et l'on y accourt en foule pour les suppurations internes et externes, la pthisie pulmonaire commençante, les vieux ulcères, les affections de reins et les maladies de la peau.

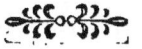

VINGT-CINQUIÈME TABLEAU.

EAUX DE BAGNÈRES ET DE BARÉGES.

Au sud de la ville de Tarbes, est le bourg de Bagnères, agréablement situé au pied des montagnes, dans une jolie plaine, à l'entrée du fertile vallon de Campan, et très-renommé par ses eaux chaudes. On les prend en bains ou en boisson: elles sont très-fréquentées, parce que l'on y arrive aisément, du moins en litière : d'ailleurs elles sont très-salutaires. Les Romains les connaissaient et les fréquentaient ; on en a la preuve dans les antiquités et les médailles que l'on trouve encore autour de la fontaine.

Cependant les bains de *Baréges* et les eaux de *Cauterès* sont infiniment plus fréquentées ; les premiers pour les vieilles blessures, et les secondes pour les maux d'estomac et même de poitrine. Nos anciens Cosmographes en font les plus grands éloges, en convenant toutefois que les chemins pour y parvenir sont presque impraticables; mais ils ont cessé de l'être maintenant. Baréges n'est qu'à deux lieues des frontières d'Espagne, sur le haut d'une montagne très-élevée, que l'on appelle *le Tourmalet*. Cauterès est à l'occident de Baréges.

VINGT-SIXIÈME TABLEAU.

ESPAGNE.

BAINS DE MADRID.

Quoique nos scènes de bains soient ici dans la capitale de l'antique Ibérie, terre fertile que les Romains et les Maures ont rendue célèbre par leurs mœurs recherchées, la magnificence de leur architecture, dont il reste encore dans la péninsule de glorieuses ruines; malgré, dis-je, tant de beaux aqueducs, de thermes, à Ségovie, dans l'Andalousie, dans la nouvelle Castille, qui, attestent la beauté des bains publics qui y avaient été construits à grands frais, il n'existe, à cet égard, dans toutes les Espagnes, que d'illustres débris qui disent au voyageur : *Hélas ! nous fûmes autrefois !* La puissance colossale de Charles-Quint, celle de Philippe II, n'ont que peu contribué à fonder des monumens. Si l'ambition de ces princes fit de vastes conquêtes dans l'Inde sur les infortunés Incas, sur une partie de l'Europe même, elle négligea d'embellir la métropole ; et la capitale des Espagnes, riche au-dehors, n'était que bien mesquine au-dedans. Le despotisme monachal, et l'inquisition, sa fidèle complice, qui, de siècle en siècle, ont pesé sur cette nation, n'ont pas pu, certes, contribuer à propager les beaux-arts, les douceurs de la vie domestique, frappés d'anathèmes par des moines charlatans et ambitieux. L'inquisition eut toujours un soin vigilant, un soin actif d'étendre sur toutes les frontières de la péninsule, un voile épais, un vaste rideau, qui empêchât les lumières du dehors de pénétrer avec la raison et la philosophie qui leur servent de guides fidèles. *Ignorer et se soumettre aveuglément à une sainte tyrannie,* tel était le dogme fondamental de toutes les écoles, de toutes les doctrines, de toutes les éducations. Tenant sous les verroux les deux sexes dans des cloîtres silencieux, ne leur était-il pas bien facile, à ces moines-rois, d'abrutir un grand peuple, dont l'amour de la religion était d'ailleurs très-facile à dégénérer en fanatisme ?... C'est au point qu'une jeune personne, ayant atteint l'âge de seize ans, souvent ne savait pas encore lire : c'était un péché ; l'amour, disaient les *frères lais,* n'a pas de plus dangereux truchement que le langage épistolaire Le *bain* était au nombre des péchés capitaux ; les nudités qu'il exige, la volupté coupable qu'il peut faire naître, la contemplation impudique de soi-même..... tous ces puissans griefs ne suffisaient-ils pas à des empiriques, toujours jaloux d'attirer à eux et vers leurs couvens, les inclinations, les goûts des jeunes filles, dont ils dépravaient encore les mœurs par des questions insidieuses?. L'Espagne vient de renverser justement les principaux obstacles à sa population et à sa puissance; et maintenant, sous les lois d'une monarchie constitutionnelle, elle ne peut manquer, en un quart de siècle, de reprendre cet éclat et cet agrandissement dont elle jouissait lors de l'expulsion des Maures.

Ce peuple idolâtre a laissé dans sa fuite des instrumens de musique, la guitarre, le *pandero* (ou petit tambour de basque), *los pitos* (les castagnettes), instrumens dont le peuple, et même la bonne société, sont très-amateurs.

Sur le Mançanarès, rivière qui coule près de Madrid, il y a quelques établissemens de bains, ainsi que dans la ville, mais en très-petit nombre : l'Espagnol est grand nageur, mais peu curieux des bains dits *de toilette*. Une personne est-elle malade, elle loue une baignoire. En général, j'ai vu, même chez les grands, peu de salles consacrées aux bains. La baignoire, ainsi qu'un autre petit meuble quadrupède, grand ami de l'eau et des parfums, et qui est aussi doux à monter qu'un petit mouton, voyagent bien lentement dans les Espagnes. Je n'avance pas pour cela que la coquetterie des Andalouses ne soit qu'extérieure ; mais une nation qui a été long-temps captive sous le joug de l'ignorance, à qui on apprenait, comme point de religion, de mépriser les arts de l'étranger, a pu long-temps aussi rejeter des usages dont la santé et la fraîcheur ont d'ailleurs tant de bienfaits à recueillir.

Beaucoup d'aimables Françaises n'ont vu l'Espagne que dans les mœurs factices de Beaumarchais, homme plein d'esprit, peintre dont la palette était sans contredit fort riche en coloris et en tableaux ingénieux ; mais, malgré tout le respect que nous portons à ses talens, ses *mœurs espagnoles* ne sont point du tout vraies. Ses *Figaro* philosophes donnant sans cesse des leçons aux princes et aux rois, ses *Rosines* mignardes, ses *Basiles* palinodistes, ses *Bartholos* caricatures, et enfin ses brillans comtes *Alma-Viva*..: où donc a-t-il pris tout cela, je vous prie? Pour moi, il n'y a pas un coin de l'Espagne où je n'aie pénétré, et j'ai cherché vainement l'*Espagne fabuleuse* de Beaumarchais. Il est certain qu'un auteur, et surtout un voyageur, a une latitude très-grande de mentir, pourvu qu'il divertisse ; mais ce n'est que quand il revient de très-loin. Comment! l'Espagne, du côté des Pyrénées orientales, touche à nos frontières; en quelques jours nous pouvons communiquer avec elle, et l'on nous fera des portraits qu'on trouve à peine dans les contes arabes ! .... Ah ! c'est trop abuser des licences poétiques ! — Non, détrompez-vous, mesdames; et si vous voulez parfaitement connaître la célèbre Péninsule, lisez l'ouvrage de l'ambassadeur Barthélemy, qui puise, non dans les broderies de l'imagination, mais dans les originaux eux-mêmes.

Nous dirons sommairement, pour satisfaire le premier sentiment de la curiosité, que *la matilla* (ou voile en casimir, ou dentelle noire) fait partie intégrante de la toilette d'une piquante Espagnole. Ajoutez *la basquinâ*, garnie en jais, le petit soulier de satin blanc, l'éventail, complice des œillades, et vous aurez à peu près leur costume national. Les hommes ne quittent pas le manteau ; c'est pour eux un ami *chaud*, fidèle dépositaire de toutes leurs silencieuses méditations. Ils ont des spectacles comme en France, où l'on danse le *fandango*, le *bolero* ; mais, en général, les courses de taureaux font leurs délices. On y a le petit agrément d'y voir périr en musique une douzaine de taureaux furieux, sans parler des hommes, des chevaux, dont la mort contribue souvent aux menus plaisirs de la fête. C'est un gymnase précieux, disent-ils pour apologie, qui entretient dans la nation l'esprit guerrier. Le grand luxe d'un appartement consiste en chaises; il est vrai qu'une société *bien assise* a de grands avantages. La gaîté commence-t-elle à jeter ses vives étincelles ?..... aussitôt les castagnettes, d'y joindre leur cliquetis éclatant. On vante le pied d'une Chinoise, la beauté imposante d'une Géorgienne, les grâces piquantes d'une Française : que dira-t-on de la taille, des yeux d'une Espagnole ?....

EAUX THERMALES.

C'est à *Ledesma*, ville distante de six lieues de Salamanque, dans la Vieille-Castille, que sont ces eaux thermales. Elles ne sont pas dans la ville même, mais à peu près à une lieue de là. La base fondamentale de ces bains est un immense crucifix en pierre, au pied duquel l'eau minérale bouillonne en sortant avec force d'un rocher souterrain. Il n'y a qu'une salle peu spacieuse, ce qui fait que les médecins du lieu ont distribué à différentes heures ces bains salutaires ; ainsi, après le bain des femmes, vient celui des hommes, *et vice versâ*. Ces eaux bienfaisantes pour toutes sortes de maladies, telles que la paralysie, les affections rhumatismales, la goutte, la gravelle, les vapeurs, le spleen, et beaucoup d'autres, sont terribles pour l'imprudent ou l'imprudente, qui, ayant été atteints d'indispositions galantes, aurait le malheur de s'y plonger. La foudre ne tue pas plus promptement. Plus d'une beauté hypocrite, qui faisait l'admiration des moines, par sa profonde piété et ses scrupuleuses dévotions, allant prendre les bains de Ledesma, s'est vue souvent trahie brusquement pour une infâme, et Dieu l'a punie sur-le-champ de sa coupable imposture.

Pour une suppression de menstrues, ces eaux sont merveilleuses.

C'est ordinairement dans la belle saison que les amateurs se rendent en foule à Ledesma; on peut y louer des appartemens. Une troupe de comédiens ambulans y donne la comédie, et le *boléro* fait le premier charme de ce spectacle. Ainsi que dans la plupart de ces établissemens, la galanterie, plus que de véritables motifs de maladie, est le mobile de ce pélerinage à Hygie; et telle Salamanquinoise part guérie par les eaux thermales, de ses affections de nerfs, qui revient le cœur malade, bien heureuse quand sa ceinture n'est pas *hydropique* d'avoir tant bu de l'onde minérale!...

✶✶✶✶✶✶✶

Le Portugal présente peu de curiosités quant aux bains, si ce n'est cependant ces harmonieuses harpes dites *aériennes*, qu'on suspend, comme en Angleterre, par un fil d'archal, en-dehors des fenêtres, pendant la nuit : les coups de vent, et l'air le plus délié venant à souffler sur les cordes, il en résulte des vibrations, des sons ravissans, qui plongent l'âme dans les plus douces rêveries : c'est ordinairement au bain qu'une belle Portugaise prend le soir aux bougies, qu'elle se procure cette recherche de plaisir.

On ne saurait croire combien encore

un *bain aux bougies* fait naître de délicieuses images dans l'imagination.

Si les femmes de la Circassie, de la Géorgie, passent généralement pour être en possession du sceptre de la beauté, les Portugaises, à Albuquerque (à cinq lieues de Lisbonne) peuvent le leur disputer par leurs charmes : elles semblent se porter l'une à l'autre le défi des grâces du corps, des attraits de la figure, et de l'éclatante blancheur de la peau. Le voyageur est confondu de voir cette nombreuse troupe de nymphes qui paraissent avoir été choisies parmi les femmes les plus jolies; et il ne conçoit pas comment la nature, ordinairement si avare de ses dons, prodigue ici la beauté avec une profusion qui tient du prodige.

En général, les Portugaises ne passent pas pour employer l'art des cosmétiques; mais en revanche elles se surchargent la tête, le cou, le sein et les bras de fleurs, de perles et de bijoux.

VINGT-SEPTIÈME TABLEAU.

ANGLETERRE.

BAINS DE LONDRES.

Mes lecteurs vont peut-être croire, en commençant cet article, qu'ils y trouveront tous ces prestiges enchanteurs, toutes ces délices qui font des bains de Paris autant de temples à la volupté. Qu'ils se détrompent; je suis obligé de traiter un sujet stérile: trop heureux si l'utilité peut contrebalancer l'aridité de ma narration.

Londres fut de tout temps très-en arrière sous le rapport du luxe. Déjà les glaces de Venise ornaient les salons de Paris, et déjà des bougies odoriférantes les éclairaient, que les maisons bourgeoises de Londres ne recevaient le jour qu'à travers des papiers huilés, et que l'astre de la lumière était remplacé par des torches enduites de poix. Je pourrais citer mille exemples, qui prouveraient qu'aujourd'hui encore cette capitale se ressent de sa première austérité; mais, comme je ne me suis engagé qu'à traiter l'article des bains, je veux me borner à ma tâche et courir au but.

Les Anglais, en général, sont étrangers au luxe du bain dit *de toilette*. Les parfums de l'Asie et les attributs voluptueux des bains de Circassie, n'ont jamais pénétré dans ces temples dédiés à la primitive Hygie. L'Anglais ne prend le bain que pour sa santé; et, dès son enfance, il s'est familiarisé avec cet élément qui contribue tant à nous la conserver.

En vain chercherait-on à Londres les bains de Tivoli, les bains Turcs, ou les bains Chinois. Vous ne trouverez que l'élément régénerateur et fortifiant ; et, soit dit sans déplaire aux entrepreneurs de nos établissemens, les corps musculeux de nos rivaux ne se trouvent pas mal de suivre la simple nature.

La Tamise, ce fleuve qui fait abonder l'or à Londres, en bien plus grande quantité que jamais le Pactole, de riche mémoire, ne le fit chez les habitans de ses rives, est encore chargé du soin de rendre la vigueur aux fiers enfans d'Albion. Aux deux bouts de Londres, on voit tous les matins les habitans peu aisés prendre le plongeon et se fortifier, dit-on, contre les fatigues de la journée. Cette eau bienfaisante voit aussi sur sa surface, des bains à l'instar de ceux de Vigier ; mais quelle différence ! ici ce sont des bâtimens à l'architecture desquels le luxe et le bon goût ont présidé ; là, ce ne sont que des petites baraques sous l'invocation de la décence et de la propreté.

Figurez-vous un bateau de blanchisseuses, séparé en deux et renfermé dans des cloisons qui ne laissent de place qu'à une balustrade qui règne à l'entour pour que les *watermes*, vrais fiacres de rivière, y puissent attacher leurs frêles esquifs. Des escaliers élégans, des jardins ombragés d'arbustes rares, ne se trouvent pas dans les bains de la capitale de l'Angleterre : chacun de leurs compartimens est dirigé par le maître ou la maîtresse de l'établissement, dont le comptoir est établi à l'entrée. On entre dans un cabinet de toilette très-propre, de là au bain ; un espace de douze pieds sur huit renferme l'élément qui y passe sans s'arrêter, à travers des pilotis très-serrés, ce qui empêche les ordures d'y entrer ; une corde attachée à une barre transversale permet aux moins aguerris de se laisser aller au gré des flots. Deux serviettes, qu'on donne à chaque personne, servent à vous essuyer vous-même ; et tout cela pour le prix modique d'un schelling (vingt-deux sols de notre monnaie). Je ne puis passer sous silence que la plus grande propreté règne dans ces établissemens ; et, qu'une sage prévoyance a placé un filet à la hauteur de sept pieds, pour empêcher les malheurs.

Dans presque tous les quartiers de Londres, on trouve des bains de santé; tels que les bains à vapeur, les bains d'ondée, et particulièrement ceux d'eau de mer, auxquels les Esculapes anglais attachent une grande vertu, surtout pour les maladies de la peau, auxquelles les Anglais sont très-sujets, par une suite inévitable de la grande quantité de nourriture animale dont ils se gorgent. J'ai vu des guérisons miraculeuses s'opérer par les bains de mer ; mais ce n'est pas à Londres qu'il faut les prendre. La substance volatile qu'elle renferme se perd en route, et ne laisse qu'une eau dépourvue de toute qualité médicinale. C'est à Brighton, Ramsgati, Bagnor, Rocks et autres endroits, qu'on peut espérer de retrouver la vigueur et la santé; et je vais y conduire incessamment mes lecteurs.

Les Anglais aiment l'exercice du corps; leur climat rude et sévère les force à faire beaucoup d'exercice. L'expérience leur a appris qu'un bain d'eau froide, pris en se levant, renforce singulièrement les nerfs. Aussi voit-on beaucoup de ces bains sur tous les points de la capitale. C'est là que les personnes d'un certain rang, d'une certaine aisance, vont se rafraîchir. Ces bains, tous bâtis sur le même plan, représentent en quelque façon les bains de l'ancienne Rome. Une salle très-vaste, de forme octogone ou quarrée, tapissée, à hauteur d'homme, de marbre noir, et pavée de même, renferme un immense bassin de marbre de la plus éclatante blancheur, dans lequel l'eau entre et sort par des soupapes très-ingénieusement travaillées. Ce bain est entouré par une vingtaine de cabinets, devant lesquels se trouvent les statues des Périclès, des Alcibiades et des Catons, des Annibal et autres grands hommes de l'antiquité. On se plonge dans ce bain dont l'eau est d'un froid glacial, et dont la fraîcheur se fait d'autant plus sentir, qu'on ne prend ce plongeon qu'au sortir du lit : on y reste environ une minute, et les habitués en sortent remplis de feu et de force ; cependant, je ne conseillerai à personne de faire l'expérience de ces bains ; car, moi, qui n'étais pas accoutumé à ce rafraîchissement, je me suis trouvé indisposé pendant plus d'un mois pour avoir voulu faire le moderne romain.

Dans toutes les grandes maisons, même dans les maisons seulement aisées, on trouve des salles de bains tenues avec une élégance vraiment athénienne; c'est peut-être très-probablement à ces bains particuliers qu'on doit attribuer la rareté des bains publics.

Dans les hôpitaux les bains forment la principale branche de la guérison ; à Bethlam, l'hôpital des fous, on administre, avec beaucoup de succès, les douches et bains d'ondées que j'ai décrits à l'article des *douches*, et ce n'est qu'à l'instar des Anglais qu'on a introduit ces moyens chez nous ; en revanche, ils nous doivent le luxe. A propos de Bethlam, je ne puis passer sous silence les deux superbes figures de marbre qui se trouvaient à l'entrée principale de l'ancien hôpital, représentant les deux espèces de folie ; l'une, la *fureur* ; l'autre, *la stupidité*. L'empereur de Russie en avait offert deux millions de roubles ; la municipalité les refusa ; il offrit deux millions pour la dernière, qu'on refusa encore. Je conçois qu'il faut avoir le génie du créateur de l'Apollon pythien, pour tracer, avec autant de vérité, le vague d'idées, l'indolente stupeur d'un être qui a été réduit à cet état par un excès de bonté ; car tel est le tableau que représente ce chef-d'œuvre. La douceur pénètre encore à travers ces yeux à demi-fermés, qui, hors cette légère nuance, sont immobiles comme le marbre dont ils sont façonnés : quelle horrible vérité règne dans cette statue ! La fureur était bien plus facile à saisir. Les passions muettes en général font le désespoir de l'artiste ; mais la folie, dans toute sa rage, dans tout son délire désordonné, offre des contractions de muscles, des *vigueurs de tons* que le scuplteur le plus ordinaire peut rendre avec un grand air de vérité.

—

La douche administrée aux fous fut autrefois un moyen de torture. Voyez, dans les *Causes célèbres*, cette marquise, qui, ayant empoisonné son mari, nie opiniâtrément son crime ; mise à la question des douches, elle avoue son forfait *à la vingt-huitième goutte...*

Voici de quelle manière se donnait cette question ; on rasait la tête de l'accusé ; on le liait sur un fauteuil, et on faisait tomber, d'une hauteur excessive, sur son crâne dépouillé, une goutte d'eau de vingt-deux degrés de froid ; cette goutte, arrivant d'à-plomb sur le siége des facultés intellectuelles, acquérait dans sa vitesse un poids moral on ne peut plus douloureux, qui produisait sur les sens de l'accusé l'effet d'un coup de poignard.

EAUX MINÉRALES DE BATH, A 30 LIEUES DE LONDRES.

Ainsi que la France, l'Angleterre possède des eaux minérales, mais en bien plus petit nombre. Il n'y a guères que celles de Bath et de Cheltenham qui soient fréquentées. Je me bornerai à la description de ces deux dernières, pour éviter à mes lecteurs un voyage assez insipide. La quantité d'Anglais de distinction que l'on voit, tant à Bagnères, Plombières, qu'à Spa, Aix et autres endroits, prouve jusqu'à l'évidence la supériorité des eaux thermales du continent.

Bath, à trente lieues de Londres, chef lieu de Comté, contient environ 4,000 âmes : cette ville est bâtie sur le penchant d'une montagne, et son aspect offre au premier coup-d'œil un vaste et magnifique amphithéâtre. Les maisons, bâties d'après une architecture légère et élégante, rassemblent à-la-fois le luxe et la commodité. Le voyageur y trouve tout ce que l'imagination la plus féconde aurait pu enfanter, surtout sous le rapport de ce que les Anglais appellent le *comfort,* mot que notre langue n'a pas encore adopté, et qui ne signifie rien moins que luxe, agrémens, bonne chère, et enfin tout ce qui peut rendre la vie agréable. On paie ce *comfort* à la vérité un peu cher.

La vertu des eaux de Bath fut découverte, à ce que l'on prétend, d'une manière assez singulière. Un berger faisait paître ses chèvres à l'endroit où se trouve maintenant la fontaine ; à peine eurent-elles brouté pendant quelques minutes, qu'elles se mirent à sauter et à faire des gambades, que le berger prit pour des effets de la sorcellerie. Il raconta cette singulière aventure aux autres bergers, qui en firent l'essai, et dont les troupeaux eurent la même fureur de battre des entre-chats. et de faire des petits battemens. L'endroit fut abandonné, comme hanté par des esprits trop amis de la danse, et par conséquent dangereux par la suite. Heureusement qu'un fermier des environs eut plus d'esprit, plus de philosophie et plus de vraie religion que ses voisins : il fit bêcher à l'endroit où les chèvres avaient formé leur quadrille, et trouva en très-peu de temps une source d'eau tiède qu'on analysa, et qu'on trouva contenir du soufre, etc.

La nouvelle de cette découverte se répandit bientôt, et cet endroit naguères si âpre, si sauvage, devint le rendez-vous de toutes les personnes comme il faut de l'Angleterre; sa prospérité s'est toujours accrue. Mais la paix, qui a ouvert le continent aux Anglais, fait ressentir à Bath l'influence de la supériorité continentale.

La plus belle époque de Bath fut lorsque les amusemens et les sociétés de cette ville étaient dirigés par le fameux M. Nash, surnommé *le Roi de Bath.* Cet homme singulier était né avec un penchant excessif pour le plaisir; son caractère à-la-fois social et galant se trouvait en harmonie avec les folies des milords et les amusemens des dames anglaises ; une éducation soignée, et dont il avait bien profité, le rendait propre à être reçu partout ; on le recherchait même parmi les plus grands personnages. Mais Nash n'avait pas une fortune assez considérable pour subvenir à tous ses besoins; et, pour se mettre à même d'aller de pair avec les personnes qu'il fréquentait, il se trouva bientôt obéré. Il eut recours à sa plume, qui lui fournit abondamment des moyens de subsistance, d'autant plus que sa situation dans le monde, le mettait à même de savoir plus tôt que tout autre l'anecdote scandaleuse du jour : mais Nash était né avec une âme compatissante ; souvent il oubliait cette maxime qu'il faut penser à soi-même avant d'être généreux ; et souvent aussi il ressentait les conséquences désagréables de cet oubli. Se trouvant à la fin dans un état voisin de la misère, il osa se confier à la bienfaisante marquise de S...., qui lui conseilla de se faire maître de cérémonies à Bath; elle ne borna ps ses secours à de stériles conseils; elle paya ses dettes; elle devint sa protectrice ; et, en moins de deux ans, la nouvelle dignité de Nash avait tellement pris racine, qu'aucun quadrille ne se formait sans son autorisation ; il ne sortait plus qu'en voiture attelée de six magnifiques chevaux ; en outre, tous les mariages, qui se formaient assez souvent aux eaux, devaient encore avoir son approbation, pour que des parens éloignés y souscrivissent ; et qu'enfin, il ne manquait à Nash qu'un parlement pour imiter en tout la dignité royale.

Il faut le dire à son honneur, dès

qu'il fut en possession de son singulier sceptre, il devint le protecteur de l'innocence ; et conserva sa dignité. Un des plus redoutables champions de la séduction, il avait long-temps combattu dans ses rangs : connaissant sa tactique, il lui fut facile de déjouer ses projets ; plus d'une famille lui dut l'honneur, et ses conseils furent toujours dictés par la sagesse. Cet homme bizarre mourut dans un âge très-avancé, et ne laissa à ses héritiers qu'un nom honorable.

———

Une belle rangée de maisons qui dominent Bath, et qui forment l'avant-dernier croissant de ce bel amphithéâtre, est nommé *Chesterfield row* (rue de Chesterfield). Cette dénomination pourrait induire l'étranger en erreur, et lui faire croire qu'elle a été bâtie par le fameux comte de ce nom, dont *les lettres à son fils* sont dans la mémoire de tous les gens de lettres. Le comte en fournit bien l'argent ; mais voici de quelle manière :

La maxime de tout Anglais opulent, et pour trancher le mot, de tous les gens riches de l'Europe, consiste en ce que *l'homme qui risque au jeu autant d'argent qu'un prince, est une société digne d'un grand.* Cette maxime était aussi celle de lord Chesterfield. Un certain Lookinp, garçon apothicaire d'origine, s'était faufilé dans les clubs les plus distingués de la capitale, et y exerçait le métier de joueur et de parieur de profession. Doué par le ciel d'une rare intelligence et d'un sang-froid imperturbable, l'aveuglement et la fureur du jeu lui fournirent une riche moisson. Une légère teinte de science l'avait fait remarquer par lord Chesterfield, qui se fit son protecteur. Lookinp n'en avait pas besoin ; mais il voulait imposer à l'orgueil de son noble patron, et il s'y prit assez adroitement. Le lord jouait très-bien au billard ; Lookinp était aussi fort que lui. Tous les jours ils s'attaquaient ; et, au bout de la semaine ou du mois, les deux parties belligérantes se trouvaient *in statu quo ante bellum*. Lookinp avait perdu l'usage d'un œil dès son enfance, sans qu'il y parût ; il résolut de se servir de cette circonstance. Après avoir perdu et gagné plusieurs parties avec le comte, il lui fit la proposition de mettre un emplâtre sur son œil, et de faire la partie de sa seigneurie, pourvu qu'elle lui rendît six points. Le comte accepta avec avidité cette proposition et perdit 10,000 livres sterlings, environ 250,000 livres, en moins de six heures. A la fin de la partie, Lookinp avoua le stratagème dont il s'était servi ; mais il mania si adroitement ses expressions, qu'il fut payé le lendemain même. Avec cet argent il jeta les fondemens de cette belle rue, qu'il nomma par dérision *l'école de Chesterfield*. Cet homme d'ailleurs mourut un jeu de cartes à la main, analysant une chance extraordinaire au piquet ; ce qui fit dire à Téote, l'Aristophane anglais, que Lookinp, qui gagnait tout le monde au jeu, avait été fait pic, repic et capot par la faulx de la mort.

Jusqu'à présent mes lecteurs n'ont vu dans l'eau qu'un élément, qu'une espèce de médecine, ou un objet de luxe ; ils n'y ont certainement pas encore aperçu un instrument de vice ou de passion. Voici mot à mot ce que Nask raconte dans ses mémoires :

« J'étais à table avec le comte de Bar-
» rymore et plusieurs autres seigneurs
» de la cour ; les dames nous avaient
» quittés ; le vin s'épuisait, et une
» averse épouvantable nous forçait de
» rester. L'ennui s'emparait malgré nous
» de nous-mêmes. Le comte de Barry-
» more, plus impatient que les autres,

» se lève et voit à la croisée deux gouttes
» d'égale grosseur qui promettent de
» tomber à-peu-près au même instant,
» et d'arriver par conséquent en même
» temps à leur chute. Barrymore, dont
» le génie inventif n'avait jamais man-
» qué l'occasion de faire un pari extra-
» vagant, parie pour la goutte à droite;
» un autre l'accepte et parie pour la gout-
» te à gauche. En moins d'une minute,
» 20 mille guinées sont dans l'incertitude
» de savoir à quel maître elles appartien-
» dront. Oh! malheur inconnu dans les
» annales de la fortune! oh! fatalité!
» oh! perfidie oh! trahison! les deux
» gouttes se rencontrant dans leur chute,
» et cédant naturellement aux lois de
» l'attraction, n'en font plus qu'une, et
» renvoient nos parieurs hors de cause.
» Je craignis un instant que Barrymore
» ne se pendît de désespoir de n'avoir
» pas seulement pu perdre. »

Cette dernière anecdote, toute invraisemblable qu'elle pourrait paraître, n'en est pas moins arrivée; j'en ai vu à peu-près le pendant dans un ponton de Portsmouth; mais là, ce n'était plus l'esprit du jeu qui faisait agir les parties et l'eau cessait d'être le mobile des pris. Les braves Français, renfermés dans ces horribles lieux, pour avoir trop bien et trop malheureusement servi leur chère patrie, n'éprouvèrent jamais, malgré leur déplorable situation, ces accès de désespoir qui rendent l'homme insensible à tout ce qui l'entoure. Les paris des milords pénétrèrent jusques dans ces monumens de la cruauté politique, et nos braves résolurent de n'être plus en arrière de milord tel ou tel. Les cartes, les dés, etc. leur étaient interdits; aussi n'était-ce pas à ces jeux, que nos militaires voulurent imiter la noblesse anglaise. Que font-ils? ils attrapent *des souris*, les apprivoisent, baptisent celle-ci du nom de *Smolenko*, celle-là de celui de

Diamant, une autre de *Godolphin* ; et le jour même que New Market voit se ruiner la plus éclatante noblesse, nos vieilles moustaches font courir leurs souris, et s'amusent dans leurs fers beaucoup mieux que les opulens de Londres. On peut abattre l'honneur et le courage, jamais on ne parvient à le vaincre.

Cette petite digression trouvera grâce, je m'en flatte, en considération de sa briéveté : d'ailleurs, en nous écartant un moment du tableau hydrographique de Bath, nous ne perdons que des scènes d'un faible intérêt. La nymphe, qui préside à ses eaux, n'est pas comme celle de Spa, visitée par la meilleure compagnie de l'Europe : le joueur effréné ne sacrifie point sur ses autels des monceaux d'or : la petite maîtresse n'y baigne pas ses *nerfs* et ses *spasmes éternels* dans ses ondes roturières : point de ton, de luxe, de brillantes frivolités, de caquets ou d'intrigues : la salle de spectacle y est souvent déserte ; c'est une *folie* sans grelots ; et si l'on guérit à Bath, on s'y amuse peu ; et quelle maladie plus cruelle que l'ennui !....

CHEVALIERS DU BAIN.

Ordre militaire, institué par Richard II, roi d'Angleterre (les chevaliers devaient se baigner avant de recevoir les éperons d'or) ; d'autres attribuent cette institution à Henri IV, roi d'Angleterre. Ce prince étant dans le bain, un chevalier lui dit que deux veuves étaient venues lui demander justice : aussitôt il sauta hors du bain, en s'écriant que la justice envers ses sujets était un devoir préférable au plaisir de se baigner, et ensuite il créa un ordre des *chevaliers du bain*. Cet ordre ne se confirme que lors du couronnement des rois, ou de l'installation d'un duc d'Yorck, ou du prince de Galles.

FIN DU PREMIER VOLUME.

TABLE DES MATIÈRES

CONTENUES DANS CE PREMIER VOLUME.

Épitre dédicatoire aux Dames.	i
Songe allégorique.	v
Réflexions préliminaires.	1
Sur le dieu Neptune.	13

BAINS DE L'EUROPE.

Notices historiques.	11
Bains chez les anciens.	26
Bains détachés des Palestres.	27
Baigneur, valet de bains chez les anciens.	31
Bains de l'ancienne Rome.	ib.
Premier Tableau. — Bains ou Thermes de Julien, rue de la Harpe.	36
Deuxième Tableau. — Bains Vigier, sur la Seine, au bas du Pont-Neuf.	40
Troisième Tableau. — Bains Vigier près le Pont-Royal, sur la rive droite de la Seine, en face des Tuileries.	47
Quatrième Tableau. — Bains Vigier, quai d'Orçay, sur la rive gauche de la Seine.	61

Cinquième Tableau. — École de nata-
tion d'été, et Ecole *thermonectique*, ou
Ecole de natation d'hiver.   68
Ecole thermonectique.   79
Sixième Tableau. — Bains des hommes
et des femmes, à quatre sols, sur plu-
sieurs points de la Seine.   81
Septième Tableau. — Bains de Tivoli. 95
Bain nuptial.   94
Maison de santé à bains.   97
Huitième Tableau. — Bains chinois, au-
trefois dits orientaux.   106
Toilette de Laïs, et anecdotes sur elle. 115
Neuvième Tableau. — Bains turcs.   118
Anecdote galante arrivée aux bains turcs,
ou *la précaution qui n'est pas inutile*. 142
Dixième Tableau. — Bains Montes-
quieu.   158
Episode.   164
Onzième Tableau. — Bains de la rue
des Colonnes, dits Bains turcs, à va-
peurs et à fumigations.   166
Douzième Tableau. — Bains Saint-
Sauveur.   172
Treizième Tableau. — Bains du Mail. 180
Quatorzième Tableau. — Bains de la
rue Tiquetonne.   184

QUINZIÈME TABLEAU. — Bains de la rue du Paon. 186

SEIZIÈME TABLEAU. — Bains de la rue Saint-Jacques. 188

Instructions générales sur le bain. 190

DIX-SEPTIÈME TABLEAU. — Bains à domicile ou *Thermophores*. 193

DIX-HUITIÈME TABLEAU. — Douches administrées aux fous. 198

DIX-NEUVIÈME TABLEAU. — Douches-Barrèges. 214

VINGTIÈME TABLEAU. — Douches, Bains de vapeurs et de Barrèges. 218

VINGT-UNIÈME TABLEAU. — (FRANCE) Célèbre fontaine du Vaucluse. 220

VINGT-DEUXIÈME TABLEAU. — Bains d'Aix en Provence. 224

VINGT-TROISIÈME TABLEAU. — Eaux sulfureuses de Cransac, en Guienne. 228

VINGT-QUATRIÈME TABLEAU. — Eaux thermales de la Preste. 231

VINGT-CINQUIÈME TABLEAU. — Eaux de Bagnères et de Barèges. 232

VINGT-SIXIÈME TABLEAU. — (ESPAGNE.) Bains de Madrid. 234

Eaux thermales. 242

Vingt-septième Tableau. (Angleterre.)
　Bains de Londres. 246
Eaux minérales de Bath. 256
Chevaliers du bain. 268

Fin de la Table du premier volume.

www.ingramcontent.com/pod-product-compliance
Lightning Source LLC
Chambersburg PA
CBHW050637170426
43200CB00008B/1053